怎样把孩子培养成天才

哈弗常春藤推崇的教育方法

刘淑霞◎著

台海出版社

图书在版编目(CIP)数据

怎样把孩子培养成天才 / 刘淑霞著. —北京：台海
出版社，2016.4

ISBN 978-7-5168-0932-7

Ⅰ.①怎… Ⅱ.①刘… Ⅲ.①家庭教育 Ⅳ.① G78

中国版本图书馆 CIP 数据核字 (2016) 第 065050 号

怎样把孩子培养成天才

著　　者:刘淑霞

责任编辑:王　萍

装帧设计:朝圣设计·阿正　　　版式设计:文　艺

责任校对:王瑶璇　　　　　　　责任印制:蔡　旭

出版发行:台海出版社

地　址:北京市朝阳区劲松南路 1 号　　邮政编码: 100021

电　话:010-64041652(发行,邮购)

传　真:010-84045799(总编室)

网　址:www.taimeng.org.cn/thcbs/default.htm

E-mail:thcbs@126.com

经　销:全国各地新华书店

印　刷:北京博艺印刷包装有限公司

本书如有破损、缺页、装订错误,请与本社联系调换

开　本:710 mm×1000 mm　　　1/16

字　数:243 千字　　　　　　　印　张:17.5

版　次:2016 年 9 月第 1 版　　　印　次:2016 年 9 月第 1 次印刷

书　号:ISBN　978-7-5168-0932-7

定　价:39.80 元

目录 CONTENTS

第一章 让孩子把学习当成一件快乐的事

第二章 向犹太人学习教育孩子的方法

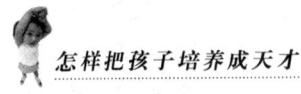

第九章　成长阶段不同，孩子的情感需求也不同

第十章　为什么说良好的心理会改变孩子的一生

家教名言

播下一个行动，收获一种习惯；播下一个习惯，收获一种性格；播下一个性格，收获一种命运。

——威廉·詹姆士

多蹲下来听孩子说话，你将会看到一个纯真无瑕的世界。

——阮耿梅

在孩子的成长过程中，没有比让孩子自信更重要的了。

——陶行知

在儿童时期没有养成思想的习惯，将使他一生都没有思想的能力。

——卢梭

我们发现了儿童有创造力，认识了儿童有创造力，就须进一步把儿童的创造力解放出来。

——陶行知

悉心地耕耘儿童意识的土壤，并且用美的种子来进行播种。

——苏霍姆林斯基

第一章

让孩子把学习当成
一件快乐的事

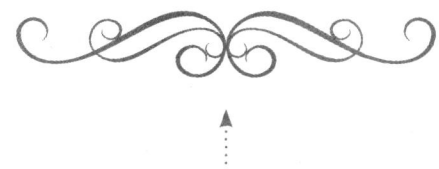

爱与罚对孩子起了什么作用？爱温暖人心，使他有力量，善良，富有同情心。爱是一切善良、崇高、坚强、温暖和光明事物的创造者。

——捷尔任斯基

人的内心里有一种根深蒂固的需要——总想感到自己是发现者、研究者、探寻者。在儿童的精神世界中，这种需求特别强烈。但如果不向这种需求提供养料，即不积极接触事实和现象，缺乏认识的乐趣，这种需求就会逐渐消失，求知兴趣也会与之一道熄灭。

——苏霍姆林斯基

孩子的言行就像一面镜子，反映着家庭和父母的精神。所以，希望孩子好，首先自己要起模范作用。父母或教育者的日常言行，对培养孩子的人格有最强的说服力。

——谷口雅春

父母是孩子的启蒙教师，孩子是父母的一面镜子。

——李岫云

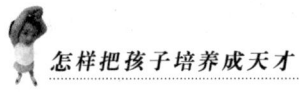

> > > *1.* 减轻学习负担，家长应该做些什么

　　学习为什么会变成孩子的心理负担呢？其实，在入学时期，即在低年级阶段，大部分孩子的学习兴趣还是很高的，但是进入初中、高中之后，迫于升学的压力，以及很多家长和老师对孩子的成绩过于急功近利，孩子的学习负担就日渐加重，最终致使孩子逐渐失去了学习的兴趣。虽然对于孩子来说，求学上的压力是无法避免的，但只要能合理规划，就不会让学习成为负担。

　　有一只小老鼠非常爱学习，它经常去找资深的前辈学习生存知识和逃跑技能。有时，即使不是同类的前辈，它也会上前询问一番，比如黄鼠狼、猫头鹰、刺猬等。只要可以学到知识，即使是其他种类的动物，小老鼠也不会因此放弃获得知识的机会。

　　天长日久，小老鼠就失去了学习的动力，而且压力很大——伙伴们总是嘲笑它：一个老鼠学再多的知识有什么用，真正做起事来能用上的知识是有限的。这让小老鼠感到压力很大。

　　小老鼠的妈妈发现了它的反常，问明原由，鼠妈妈对它说："孩子，妈妈会一直陪着你学习。"于是，鼠妈妈每天陪着小老鼠练习逃跑，并经常给小老鼠讲一些自己遇到的惊险事，使得小老鼠既惊讶又好奇，学习的热情也高涨了。

　　一天，小老鼠正在认真地复习昨天做的逃生笔记，这时，几只老鼠从它身边经过，其中一只老鼠说："看呐！这只老鼠多么可笑，它还以为自己能当一名学者呢。"其他老鼠听到之后，大笑不止。

突然，一只猫听到动静跑了过来，老鼠们慌忙逃跑，但它们都向一个方向跑，一直甩不掉后面的猫。小老鼠说："现在大家分开跑，分散猫的注意力。"小老鼠刚说完，其他老鼠就四散而逃。猫突然不知追哪只老鼠好，只好停下脚步，就是猫犹豫的这一瞬间，给小老鼠和同伴生还的机会。

从那之后，就再也没有谁嘲笑小老鼠了，而小老鼠也确信了学习并非无用，此后更加发奋学习了。

故事中，小老鼠的妈妈很好地运用了孩子的好奇心和探索心，在孩子遇到学习压力时，鼓励孩子坚持下去。不可否认，它是一位有智慧的妈妈。孩子在学习时，有压力是必然的，但口头上的安慰，并不足以让他们的心灵得到慰藉，所以小老鼠的妈妈选择了一种特别的安慰方式，来减轻孩子心理上的负担。其实，很多孩子到了一定年龄之后，对学习就会越来越抵触，但孩子的"心病"并不是自身的原因所致，而是由于家长过于关注孩子的"小升初"和"高考"等，把孩子领进了学习的"死胡同"，致使孩子总是"被学习"。孩子背负着很大的心理压力和负担，显然不利于身心健康。所以，家长应该注意孩子的成长、心理变化，不要让学习成为孩子的负担。

大部分家长对于孩子的学业都非常重视，甚至有一些家长达到了一种"疯狂"的地步——给孩子报各科补习班，不准孩子有玩耍的时间，如果听到别的家长或朋友推荐一些科目，既不考虑孩子是否真正需要这项科目，也不征求孩子的意见，就为孩子报名参加。如此一来，孩子的学习负担越来越大，学习总是不在状态，成绩不但不会进步，反而会退步，甚至产生厌学心理。

学习并不是吃东西，吃多少就能吸收多少，何况有时吃进去也不能产生能量——让孩子学得虽多，但他们不一定能全部吸收，有时甚至会起到反效果，使孩子承受不住压力而产生心理障碍。学习并非一朝一夕的事，爱孩子，就不要让学习变成孩子的心理包袱，因为这样

的结果只会让孩子不堪重负。

其实，有的孩子之所以认为学习的压力太大，主要是因为他们对成功的体验太过陌生。如果让孩子常常感受到学有所成，那么他们对学习就会有所期待。比如上次的考试成绩名次没有进步，但在答题分数上有所提高，这说明孩子还是有所进步的。这时，如果家长说"复习了这么久还是没进展，你究竟有没有认真学习"或"我看你根本没有好好学习，成绩都没有提高"，就会降低孩子对学习的积极性和主动性；如果家长告诉孩子"你是有进步的"或"努力得不错"等，让孩子知道自己的努力是有结果的，这样一来，孩子就会从心理上感觉轻松，心理负担也不会太大，同时也会产生继续学习的动力。

在孩子学习的过程中，很多家长都喜欢"拔苗助长"，为了让孩子更具竞争力，家长一见到考试、测试、比赛等，就会绷紧"成绩"和"名次"这两根弦，生怕孩子比别的孩子差。这个时期，很多家长会让孩子转战速成班、培训班、冲刺班等，目的是为了提高孩子的成绩和名次，唯恐孩子落后于人，而大部分孩子看似学到了东西，其实孩子也只是得到了较高的成绩和名次而已，就像"小熊掰棒子"，掰一个丢一个，学一点忘一点，学习负担变得越来越大，而孩子也就失去了学习的兴趣。

其实，家长紧张孩子的学习情况是情理之中的事，但太过紧张只会适得其反。很多孩子之所以产生厌学心理，是因为家长在孩子的教育问题上缺乏理性、客观、长远的思考，总是想通过考试，让孩子一步一步前进、升级，结果让孩子越学越难，越学越力不从心，从而丧失学习的信心，进而让学习成为负担。

减轻孩子的心理负担，培养孩子良好的学习习惯，看似简单，而实践起来其实并不容易。家长可以先从自我做起，不刻意强调孩子的成绩如何，试着多体谅孩子内心的压力，不总是拿"我们都是为你好"这样的话给孩子施压，而是真正设身处地地为孩子着想，关心孩子的心理活动，心平气和地对待孩子的成绩。其实，作为家长，给孩子自由的空间，培养孩子自觉学习的独立意识才是关键。

>>> 2. 不可对孩子求全责备，赏罚分明会更有用

俗话说："望子成龙，望女成凤。"每个家长都希望自己的孩子能够成为举世之材。然而，很多家长这种盼子成材的迫切心理到最后都变成了对成绩和分数的苛求——只要孩子能考出优异的成绩，家长付出再多也心甘情愿；如果孩子的成绩不及格或考得比上次差，家长就会对孩子的退步感到担忧，甚至产生愤怒情绪。家长愤怒的是恨铁不成钢，自己对孩子抱有很大的希望，但孩子却令家长失望了；而家长担忧的则是孩子的未来——成绩差如何能考上理想的学校？因此，孩子就成了家长的"出气筒"。长此以往，孩子就会形成扭曲的思想意识：如果考不好就会受到惩罚，如果考得好就会得到奖励，而所谓的"好"就是考卷上代表分数的数字。这种扭曲的思想，很不利于孩子身心健康成长，甚至会影响孩子原本美好的一生。在这个思想的指引下，孩子就会单纯地为了提高分数而学习。

在现实生活中，一些家长总是以孩子的成绩来评价孩子是否优秀。如果孩子取得了优异的成绩或成绩比上次有所提高，就会高兴地表扬孩子聪明或给孩子一些物质上的奖励，让孩子继续努力；如果孩子学习成绩退步了，就会认为孩子偷懒，没有用心学习，或是孩子的兴趣爱好影响到了成绩，不准孩子在课外活动上浪费时间，甚至对孩子进行指责和打骂。可以说，家长这种不尊重孩子的行为，让孩子的自尊心和自信心受到伤害的同时，也伤害了孩子与家长之间的感情。

杰瑞是个聪明的男孩，他的成绩一向是父母的骄傲，而且学习方面一直很少让父母操心。可是，最近几次测试，杰瑞的考试成绩很不理想，这让父母非常苦恼。

　　这天，杰瑞拿着数学成绩单刚一回家，父亲看到成绩单上的分数后就怒气冲冲地教训杰瑞："你最近到底有没有好好学习？考试成绩这么差……"在父亲严厉的批评下，杰瑞做了书面保证——在一定时间内争取恢复到以前的成绩水平。然而再次考试时，杰瑞又考了一个不理想的成绩，不仅如此，他在最近上课时无法集中注意力，所以学习成绩日渐下滑。

　　这次，杰瑞的父亲再一次对他进行了责骂，甚至说到激动处，还动手打了他。此外，父亲还对杰瑞采取了更为严厉的处罚措施，比如延长他的学习时间，不允许他出去玩，不允许他看电视、打游戏、看课外书等。即便如此，杰瑞的成绩还是没有得到提升，并且，他开始对学习、考试等表现得非常厌恶，有时还一个人偷偷地哭泣，多次向伙伴们说起："人生真是无趣，这样活着还不如死了。"

　　当杰瑞的父母得知孩子产生轻生心理时，心急如焚地去向儿童心理学家吉布森求助。吉布森得知杰瑞的这一情况后，只问了杰瑞的父母一个问题："当得知他成绩下降时，除了责骂他，你们还做过什么吗？比如，分析他成绩下降的原因。"此时，杰瑞的父母恍然大悟，他们终于意识到了自己的错误，当杰瑞成绩下降时，他们只知道责骂和惩罚孩子，并没有帮助孩子分析成绩下降的根本原因，从而导致杰瑞产生了逆反心理，甚至还使他产生了轻生念头。

　　在现实生活中，很多孩子也像杰瑞一样，因为成绩下降而受到了家长的责骂和打骂，以致他们心理压力过大，对学习的积极性越来越低。显然，家长对孩子的成绩太过关注，会导致孩子产生厌学情绪，甚至会使得孩子原本优异的成绩屡屡下滑。

　　还有一些家长总把孩子的成绩看成自己的荣耀，总拿孩子的成绩、分数和朋友、同事、邻居家的孩子比较，如果孩子成绩比别人好，就觉得孩子为自己争光了；如果孩子成绩比别人差，就会觉得孩子让自己在别人面前丢脸了。对此，家长们应该注意，不要总是单方面地考虑自身的利益，应该多站在孩子的角度，为他们的心理需求考虑。

儿童心理学家吉布森曾说："不要把孩子成绩的好坏，作为衡量孩子人格好坏的标准。"从科学角度来讲，家长和老师对孩子的成绩态度过于关注的行为，是不科学的表现，而这些表现也影响着孩子的成长——如果孩子因为一次的成绩下降就被家长和老师否定曾经的成绩，在打击孩子自信心的同时，也打击了孩子学习的积极性。因此，家长和老师应该对孩子其他方面投注一些精力，毕竟在提倡素质教育全面发展的今天，成绩只是其中的一个方面，而不是素质教育的全部。

总之，家长和老师对待孩子的学习成绩应该保持正确、良好的态度，采用恰当的方式来帮助孩子提高成绩，以避免孩子成绩下降的可能。这就需要老师和家长明白以下几点：

（1）退步也需要表扬和鼓励。

孩子退步时，责备要适可而止，否则会让孩子产生挫败感。家长也要适当地表扬和鼓励孩子，呵护他的感受不让孩子的心灵受到伤害。其实，孩子的成绩下降后，他们自己也很伤心，没有谁会甘心屈于人下，所以这时鼓励和安慰是很有必要的。孩子受到表扬后，往往会产生"争取好成绩"的决心。

（2）分析孩子退步的原因。

当孩子学习成绩退步时，家长和老师先不要急于责备孩子，可以先从根本上分析致使孩子退步的原因，再帮助孩子一一克服。总之，家长和老师要理性地看待孩子的成绩和分数，多给孩子一些关爱，不要让自己的恶劣情绪伤害到孩子幼小的心灵。

（3）分数不等于孩子的实际能力。

一些家长和老师总是用分数的高低，来判断孩子的进步和退步情况，其实，这是十分不科学的。有时，分数的高低并不代表孩子的实际能力。分数高可能是试卷题目难度小，或者孩子在考试前恰好遇到过类似的题目；分数低，则可能是题目难度大，而不能单纯地以分数高低判定孩子学习成绩是进步还是退步。总之，对孩子的学习成绩，应该采取理智的态度，这样才能有效地提升孩子的学习质量。

>>> 3. 调动孩子学习的"胃口"，让孩子爱上学习

从前，在一片森林里，住着许多动物。春去秋来，年轻的老虎当上了百兽之王，它勤奋好学，也喜欢聪明好学的动物。一天，老虎问狐狸："这个森林里，谁最聪明？"

狐狸眼睛咕噜一转，计上心来："大王，不如我来为您找一找森林里最聪明的动物。"

次日，狐狸假借虎王之名，说要挑选森林里最聪明的动物。动物们听到这个消息，议论纷纷，都想成为被虎王选中的那个。因此，啄木鸟也不再为大树啄虫子了，小猫也不再抓老鼠了，野鸡也不再孵蛋了，麻雀也不再衔泥巴筑巢了，鹤也不再在小溪里抓鱼了，就连平时最勤快的小白兔都不再拔萝卜了……动物们都放下了各自的工作，为得到"森林里最聪明动物"的头衔而努力学习，只有整天勤劳的蜜蜂依然在采蜜。

到了评选那天，狐狸官威十足地坐在虎王旁边，藐视着其他动物。一只小猪壮着胆子走上前，只听狐狸对众人说："大家都明白，'蠢猪'说的就是一只愚蠢的猪，愚蠢的猪又怎么会聪明呢？"一时间，台下的嘲笑声、同情声和小猪的哭声汇集在了一起。

小猫笑够了，自告奋勇地走上前说："我最聪明！"

狐狸翻了翻眼皮："你打伤了太多老鼠，仇家太多，惹是生非，怎么能算得上聪明呢？"

小狗上前说："我最聪明。"

狐狸说："你帮小猫抓老鼠，狗拿耗子多管闲事，哪里聪明？"于

是小猫和小狗灰溜溜地走了。

接下来，狐狸开始——奚落其他动物：鱼儿不会在陆地上走，不算聪明；野鸡不能在天上飞，不算聪明；小鸟不能在水里游，不算聪明……小白兔走上前时，狐狸也讽刺道："龟兔赛跑时，你连乌龟都跑不赢，还敢说自己聪明？"总之，只要有动物上前，狐狸都能找出对方不聪明的理由，所以动物们最后都被狐狸赶下了台。

虎王问狐狸："难道就没有最聪明的动物吗？"

狐狸回答说："大王，除了您，我才是最聪明的动物。"

其他动物听了愤愤不平，却都不敢说什么。这时，小蜜蜂飞过来说："那你会在水里游吗？你会在天上飞吗？"狐狸被小蜜蜂问住了，一时哑口无言，不知如何作答。

小蜜蜂继续说道："每个动物都是大自然的一分子，大家都有自己生存和学习的本领，就像我们天生会采蜜，蚂蚁会搬家，猫会抓老鼠，鸟儿会飞，鱼儿能在水里游，聪明不是学来的，学来的聪明只是小聪明，怎么能用聪明与否一言以蔽之呢？"

狐狸恨声道："这是虎王的旨意。"

大象用鼻子把狐狸打倒，并说道："真是一个狐假虎威的家伙。"老虎此刻才明白，狐狸利用了自己。而其他动物也看到了自己的错误，从此以后，各司其责，努力学习各种生产技能。

其实，聪明与否只是外部的评价，很多孩子就像故事中想得到"聪明头衔"的小动物一样，都会把这个外部因素当成参考坐标，因此他们学习的"胃口"也就很容易被影响。外部的因素是谁都无法控制的，并且很容易影响孩子内部动机的期望，让他们产生不满的情绪。而不满情绪又会造成孩子心理上的痛苦和压力，为了减轻痛苦，孩子的"内部系统"就会降低对自我的期望——最常见的就是孩子对学习没有渴望，失去兴趣，降低努力学习的程度等。因此，家长和老师不能用口头奖励和物质奖励来引诱孩子努力学习，这会让孩子忘记最初的学习

动机，也就是影响了孩子学习的内部动机；如果孩子一直被外部因素影响，只顾在乎外部的评价，而忽略了内部的学习动机，那么内部学习动机就会逐步瘫痪，致使孩子失去对学习和获得知识的原始渴望。

事实上，孩子们也有自己的学习喜好。比如有的孩子喜欢美术不喜欢音乐；有的喜欢物理不喜欢政治；有的则喜欢语文不喜欢数学等。面对自己喜欢的科目，孩子的渴望表现得非常明显；而面对自己不喜欢的科目，孩子的学习动力就会明显降低。对此，有的家长可能会逼迫孩子去学习他不喜欢的科目，从而使孩子们产生了厌学心理。无疑，这对于孩子以后的发展非常不利。

当然，一些科目确实很重要，出于对孩子的关心，家长和老师对这些科目给予重视，也是在所难免的。但关键是要掌握好调动孩子学习的"胃口"，激起他们学习的渴望，让他们心甘情愿地去主动学习。家长可以从孩子的喜好出发，对孩子进行"均匀学习"调节。比如孩子喜欢画画或玩游戏，家长可以告诉孩子，学一个小时英语就可以获得十分钟的画画和玩游戏的时间，采用一种"积分"的方式，让孩子觉得好玩的同时，又能渐渐点燃孩子学习的热情。

＞＞＞4. 孩子注意力不集中怎么办

从心理学的角度来讲，"注意力"是指孩子在进行心理活动时，意识的指向和集中力。注意力不集中，也称注意力分散，是指一个人不能稳定持久地关注一件事物。一般来说，在孩子身上普遍存在的问题，就是不喜欢看书，学习时注意力不够集中。可以说，想让他们耐心并认真地学习，是一件相当困难的事情，而这也是让家长和老师们非常头疼的一个问题。

古时候伟大的思想家荀子曾说过："目不两视而明，耳不两听而聪。"意思是说，学习时要做到一心一用，目不斜视，注意力集中。也只有这样，孩子的学习才能产生好的效果。

玛雅是一个 12 岁的小女孩，从上学开始父母就没少为她操心——由于玛雅上课纪律的问题，父母三天两头地就被请进学校与老师面谈。原来，玛雅上课注意力不集中，上课期间总是做小动作，不仅自己什么都听不进去，还影响别的孩子学习。

老师在黑板上写题目时，玛雅不是趁老师不注意离开座位，就是折小飞机、扔小纸条。老师几乎每天都要为此批评她，但她却一句也听不进去，老师的说教根本不见成效。为此，老师装作非常严肃的样子警告玛雅，如果她再在课间调皮捣乱，就让她退学。这虽让玛雅收敛了不少，但她还是无法集中注意力学习，总是玩橡皮和铅笔，不玩学习用品的时候就睡觉，以致老师在进行家访时告诉她的父母："这孩子可能有多动症。"于是，父母带玛雅去医院进行了一系列检查，

但医生说她并没有什么异常。

据玛雅的父母反映，日常生活中玛雅其实是一个聪明的孩子，理解能力很好，对一般事物的反应能力也比其他孩子强。和她说话时，她总能快速、正确地回答问题，但是在做作业时却非常拖沓，边玩边学，学习效率很低。虽然玛雅的父母担心孩子这样下去学习成绩会变得非常糟糕，但他们用尽办法，却收不到任何成效。

其实，在日常生活中，像玛雅这样的孩子比比皆是，他们上课时注意力总是无法集中，从而导致学习成绩不理想。虽然注意力不集中是大部分孩子学习成绩下降的共同原因，但对于这种问题，很多家长和老师总是过于夸大问题。比如玛雅的老师认为玛雅的行为是"多动症"，而父母似乎也默认了这种情况，直接带孩子去医院做了检查。其实，注意力不集中是孩子的天性，他们本身的定力就很弱，要想让他们像大人一样，坐在书桌前好几个小时，当然是有难度的。一般而言，孩子长大后，这种情况就会逐渐得到改进。

孩子注意力不集中时，家长和老师要观察孩子是因为什么而不集中注意力的，毕竟孩子的心智是不成熟的，他们的控制力和耐心往往很差，而且孩子生性爱玩、好动，想让他们集中注意力确实要下一番功夫。其实，孩子听课时，注意力不集中，在课间搞些小动作是可以理解的，如果家长和老师没有采取正确的方式引导和规劝，时日一久，这种不良行为，就会成为孩子的坏习惯，轻则会影响孩子的学习效率，重则会致使孩子丧失学习的兴趣和动力。因此，培养孩子的耐心，让孩子集中精力学习，是非常有必要的。

实际上，孩子能否集中精力认真地学习，与家长及老师的教育方法、教育态度、教育理念有着密不可分的关系。要想提高孩子的学习效率，培养孩子专注、认真的学习品质，就要培养他们的注意力，让他们养成专心致志的优秀品质，家长和老师可参考以下几个方法：

（1）清理课桌上容易吸引孩子的物件。

孩子的小课桌上摆放的东西，很容易在他们感到乏味的时候吸引他们，分散他们的注意力。因此，除了书籍和文具之外，最好不要在课桌上摆放其他物品。另外，课桌的抽屉最好锁上，可以把钥匙交给孩子保管，并告诉孩子"这里可以作为你放置秘密物品的基地"，如此一来，既调动了孩子学习的热情，又让孩子为了保护自己的"秘密小基地"而获得心理上的满足感。此外，如果你的孩子是女孩，最好不要在她学习的范围内放置小镜子，因为女孩都比较爱美，喜欢照镜子是她们的天性。总而言之，与学习无关的物品，一律不要放在课桌上，以免孩子学习时东张西望，注意力不集中。

（2）保护孩子的兴趣爱好。

无论孩子处于哪个年龄段，只要是自己感兴趣的事物，他们的专注力一般都会很强。对于尚在成长中的孩子来说，他们的注意力是自发性的——所谓"自发性"就是根据自己喜欢的事物进行自主学习。因此，对于孩子感兴趣的事物，家长和老师不要太过限制。现实生活中，很多家长根本不考虑孩子的兴趣爱好，只根据自己的意愿去培养孩子，但是，孩子不是橡皮人，不能任意揉捏，他们有自己的想法和看法，适当地尊重他们的想法，对提高他们的专注力是有帮助的。也就是说，家长可以从孩子的兴趣入手，帮助孩子训练注意力。

（3）训练孩子专注地做一件事。

孩子在学习时常常是被动的，由于乏味、不情愿等因素，一些有趣的事物总能勾起他们的好奇心，致使他们在学习的过程中总是注意力分散，不能一心一用，这样一来，自然就无法有效地吸收知识。事实上，孩子的兴趣比较广泛，他们总是喜欢同时做几件事。比如吃饭的时候看书，写作业的时候看动画片等。看似节约了时间，其实是三心二意，学也学不好，玩也玩不好。所以，家长和老师必须让孩子学会把注意力集中在一件事情上，该学习的时候就专心地学，该放松的时候就尽情地玩。

（4）改变叮嘱孩子的方法，加强对孩子专注力的训练。

家长和老师对孩子的行动力总是不放心，一件事情要反复地说好几遍，以至于孩子"左耳进右耳出"。因此，家长和老师应注意说的方法，并逐渐缩减说的次数，培养孩子听一遍就记住的专注力。

此外，家长还可以针对孩子"听"的方面，加强训练他的注意力。比如让孩子听音乐，听动画片等，并主动和孩子谈论听到的内容，从而培养孩子集中注意力听课的好习惯。

> > > 5. 培养好的学习动机才能提高孩子的学习效率

每个孩子对自己未知的未来都会有所憧憬和幻想，家长可以运用孩子对未来的憧憬，让孩子有一个良好的学习动机，无论孩子的想法多么不切实际，都要让孩子知道，只有好好学习，他们才能离自己想象中的未来更近。知识可以改变命运，而学习就是为了获得更多的知识；孩子要想实现自己理想的未来，就要为实现理想做准备，而学习就是最好的准备。当孩子找到良好的学习动机时，他们就会认为，当下辛苦学习是很有必要的，所以家长和老师有必要和孩子谈论他们的未来和理想，以此激发他们学习的积极性。

一天，普鲁士国王威廉四世邀请了一位神秘的科学家来参加宫廷宴会。他久闻这位科学家是一位很有才学的人，因此亲自在宫门口迎接，以表示自己对科学家的尊敬。在他的心目中，科学家应该是一位满头白发的老翁，可是，当威廉四世看到科学家时，不由得愣住了——眼前的科学家竟然是一个 24 岁左右的年轻人。事后，威廉四世对大臣们说："真令人难以置信，这位誉满全欧洲的科学家竟然是一位小伙子。"这位科学家就是德国有名的阿道夫·冯·贝耶尔。

贝耶尔于 1835 年 10 月出生在柏林，是诺贝尔化学奖的获得者，但他并未因此而沾沾自喜。贝耶尔不善言辞，只知道埋头做事，行事低调，性格比较腼腆，甚至在面对陌生人时，话都说不顺畅。

贝耶尔的父亲是普鲁士总参谋部的陆军中将，虽然是一介武夫，却非常热爱学习科学知识，退伍后一直没有放弃学习，而贝耶尔的母

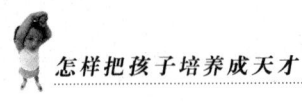

亲是一位大家闺秀，通理晓义。因此，贝耶尔由于受到父母的影响，从小便非常热爱学习。

在贝耶尔10岁生日那天，他原本以为父母会为他庆祝生日，没曾想，母亲只是把他带到外婆家待了一天。晚上告别外婆回家时，母亲对贝耶尔说："你的父亲已经几十岁了，但他还是没有放弃求学，依然和你一样天天认真学习，面对考试。我不想因为你的生日而影响你父亲的课业，你忍心因为自己一时的欢乐，而妨碍父亲获得成功的可能吗？"懂事的贝耶尔轻轻地摇了摇头。贝耶尔成年之后，回忆这段往事时说："在我10岁生日时，我收到了一份最特别的生日礼物……"

贝耶尔的父亲50岁才开始从师学习地质，76岁成功在柏林地质研究院出任院长。贝耶尔上大学时，德国有机化学权威贾古拉教授非常有名，但这位教授只比贝耶尔大6岁。一次，贝耶尔在父亲面前说道："我只比贾古拉小6岁……"贝耶尔的话还没说完，父亲就严厉地打断了他的话，并质问道："难道年龄相差得短就不值得你学习了吗？我50岁才读地质，当时我的老师比我小了30多岁，难道我就不能跟他学习了吗？"

很久以后，每当贝耶尔和学生谈论起这件往事时就会说："这是父亲给我留下的深刻启发，我们不应该因人或外在因素而影响学习的积极性。"1858年，贝耶尔获得了柏林大学的博士学位，但他并没有因一时的成就就放弃继续学习的脚步，而是更加刻苦地研究和学习。

由此可见，有一个良好的学习动机对孩子的成长来说多么重要。很多孩子也许并非天赋异秉，但是有了一个良好的学习动机就足以让他在未来的生活中受益匪浅。在培养孩子良好的学习动机的过程中，家长也应该像贝耶尔的父亲那样，和孩子在学习上共进退。另外家长还可以和孩子试着交换一下角色，由孩子做家长的老师，家长和孩子一起学习，当孩子站在教学立场的时候，就会提高自己学习的欲望；而当家长站在孩子的立场时，又能深切地感受到学生的一些烦恼。

在学习中，帮助孩子树立远大的理想，让孩子为美好的未来而奋斗，这样不仅可以增强孩子学习的积极性，提高孩子学习的效率，还可以让孩子在追求理想的过程中，体验到学习的乐趣。教育是一个漫长的过程，家长如果太过严厉，在学习上总是强迫孩子，孩子很难有良好的学习动机。所以，家长不要让孩子为了成绩和分数而学习，要让孩子真正明白，只有自己今天努力学习，才能换来明天的良好结果。

对于孩子的学习动机，家长应该做到理性对待，不急不躁。也不能总是将孩子与人相比较，让孩子产生自卑心理和挫败感。要从呵护和关心孩子的成长和身心健康出发，多站在孩子的角度去考虑问题，尊重孩子的意见和想法，帮助孩子树立起良好的理想和目标，从而让孩子有一个良好的学习动机。

其实，每个孩子的探索欲和好奇心都非常强烈，而学习的推动力，就是探索欲和好奇心。但如果不学习，也就不能掌握基本知识，无法理解身边的自然现象，就更无法探知事物的根源了。因此，要让孩子知道，只有掌握了一定的知识，才能探知事物的根本，才能了解更多自己想知道的事，同时也才能更好地把握自己的未来。而学习的动机，是孩子学习行动的开始，也是孩子坚持学习的动力。总而言之，一个良好的学习动机，对孩子的未来是至关重要的。

第二章

向犹太人学习教育孩子的方法

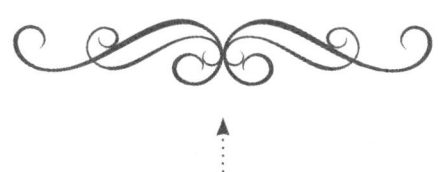

儿童的心灵是敏感的，它是为着接受一切好的东西而敞开的。如果教师诱导儿童学习好榜样，鼓励仿效一切好的行为，那么，儿童身上的所有缺点就会没有痛苦和创伤地不觉得难受地逐渐消失。

——苏霍姆林斯基

道德行为训练，不是通过语言影响，而是让儿童练习良好的道德行为，克服懒惰、轻率、不守纪律、颓废等不良行为。

——夸美纽斯

儿童恐怖的重要基础既然是痛苦，锻炼儿童使他们不恐怖不怕危险的方法就是使他们受惯痛苦。

——洛克

用语言、事物表扬，用警告、训斥、惩罚及对特殊的个别的过错采用体罚，以有教益的惩罚制度，即"持以坦白的态度，出以诚恳的目的"，使儿童理解这样做是对他有好处的，正如吃苦药治病一样。

——裴斯泰洛齐

>>> *1.* 培养高智商孩子，宽松的家庭环境最为重要

犹太人认为，一个宽松的家庭环境是孩子健康成长的沃土，更是培养出孩子高智商的最好环境。因此，在犹太人教育孩子的过程中，他们非常注重家庭环境的宽松，父慈母爱，暖意融融的家庭环境是他们培养孩子高智商的关键。

坦普尔是一个屠夫，他有一个非常聪明的孩子。坦普尔在教育孩子的时候从来都很"凶"，因为他认为，自己之所以成为一名屠夫而没有做出一番伟大的事业，很大的原因就是在他的成长过程中，家人没有对他进行严厉的督导，导致他养成了散漫的性格，学业无成，最后只能做个屠夫混日子。所以，坦普尔相信，只要严厉管教，他的孩子将来就一定能够成为一个比他更有出息的人。

当孩子刚刚满四岁的时候，坦普尔就开始教孩子读书，最重要的是他为孩子制定了非常严格的生活作息计划：每天读书的时间必须达到十个小时，睡觉绝对不能超过八个小时，做每一件事情都要循规蹈矩，不许做任何没有意义的事情……总之，坦普尔对自己的孩子要求非常严格，连隔壁邻居都看不下去了。邻居对坦普尔说："你怎么可以这样教育自己的孩子呢？我们犹太人的孩子都是在自由中成长起来的，像你这样的散漫之人，即使你的父母最开始严格地培养你，在你脱离父母的管教之后，你也会成为一个散漫的人，因为一个人散漫性格不仅仅是由后天的培养造就的。"

面对邻居的劝说，坦普尔依然坚持自己的观念，他相信，只要严

格要求，就可以让自己的孩子养成认真做事的好习惯，将来成为一个有作为的人。然而，在坦普尔的严厉管束下，他的孩子不但没有养成认真做事的好习惯，反而变成了一个非常散漫而且叛逆的人，凡是坦普尔说出的话他都坚决反对，不管坦普尔说得对与不对。很明显，由于坦普尔的严格，导致孩子出现了逆反心理。最终，坦普尔的孩子和他一样，成为了一名碌碌无为的屠夫。

从上面的故事中我们可以看到，教育孩子太过严厉往往适得其反，不但不会让孩子往自己希望的方向发展，反而会让孩子与家长之间产生巨大的隔阂或者矛盾，这非常不利于孩子的成长。当然，在犹太人看来，并不是说对孩子的教育应该越宽松越好。犹太人在教育孩子的时候讲究适度的宽松，他们不会完全地让孩子放任自流，只会在适度宽松的环境中引导孩子健康成长。

事实证明，宽松的家庭环境就是培养高智商孩子的最佳教育环境，因为宽松的家庭环境在孩子成长的过程中有非常多的好处。

首先，宽松的家庭环境有利于培养孩子的兴趣，高智商则来自于广泛的兴趣。在很多人看来，宽松的成长环境与培养孩子的兴趣好像没有多少关系，但是犹太人却不这么看。犹太人认为，一个宽松的家庭环境能够给孩子一定的成长空间，培养孩子的爱好，有助于孩子在自己的成长空间内找到自己真正感兴趣的事物，感受到生活学习中的快乐，进而激发孩子的创造力。所以，我们在现实生活中总会发现，那些兴趣广泛显得比较"淘气"的孩子总是比一般的孩子要聪明，这就是因为他们比一般的孩子更对事物感兴趣，更比一般的孩子有创造力。

其次，宽松的家庭环境有利于培养孩子的独立意识，让孩子在独立的过程中拥有高智商。犹太人认为，那些独立性更强的孩子比一般孩子的智商都要高。事实证明，犹太人的看法是正确的，因为那些独立性强的孩子在成长的过程中受到的磨砺更多，因而他们的思考范围

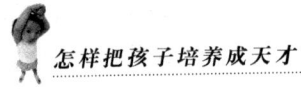

更广，接受的各种知识也更多，所以他们的智商比一般的孩子要高。

　　总之，对于我们中国的家长来说，孩子的成长环境本来就充斥着巨大的竞争压力，如果家长不能给孩子一个相对宽松的家庭环境，那么孩子面临的压力必定会越来越大，而在高压力的成长环境中获得高智商，几乎是一件不可能的事。所以，在孩子培养方面，我们中国家长不妨借鉴犹太人的方法，给孩子一个宽松的成长环境，让孩子远离"高压"生活，只有这样才能够让孩子拥有一个高智商的大脑。

>>> 2. 从经典中汲取智慧，在行动中善于思考

在中国，几乎孩子一出生，父母就开始替他设计未来。秉承"不能让孩子输在起跑线上"的理念，父母们费尽心思，全力培养孩子，希望他变得更勇敢，更聪慧——这几乎是每一个父母的共同愿望。而犹太人在教育孩子时，则会从锻炼孩子的独自思考能力开始，他们从来不为孩子设计未来。因为犹太人认为，只有思考才是一个人拥有智慧的唯一途径。

在犹太人看来，知识无疑是一个人聪慧的根本，但是，犹太人并不迷信知识。在他们眼里，那些一脑子知识却不会运用知识的人并不是聪慧之人，相反，这些人在他们眼里就是一只只"背着书本的驴子"——愚蠢到家了。所以，犹太人在培养孩子的过程中非常注重对孩子思考能力的培养——不论是伟大的苏格拉底还是聪慧绝顶的亚里士多德，他们都是因为强大的思考能力而被后世敬仰的。

1979 年，美籍犹太人赫伯特·布朗获得了当年的诺贝尔物理学奖。当记者问他为什么能从众多的化学家中脱颖而出之时，他没有说自己的研究成果，更没有双手合十感谢上帝，因为他知道记者问的这一问题并不是指他的研究成果——他的研究成果已经被全世界各大媒体做过很多详细的介绍了，他知道记者问的是什么——是什么让他创造出如此伟大的研究成果？

赫伯特·布朗针对这个问题，说出了这样一段令人深省的话："在我还非常年幼的时候，我的爷爷总是问我同一个问题——今天与昨天

有什么不同呢？他从来不希望听到雷同的答案，因此我就努力思考，思考今天和昨天的不同点。而在我成长的过程中，我的家人们都鼓励我提出各种各样的疑问，总是让我抱有怀疑的目光去审视生活。结果是，我逐渐变成了一个乐于思考的人，而我能够获得诺贝尔奖，这都是思考的结果啊！"

从赫伯特·布朗的话中我们可以体味到，犹太人之所以被全世界心悦诚服地称为"世界上最聪明的民族"，而非"世界上最聪明的民族之一"，就是因为犹太民族是一个善于思考的民族。

犹太人喜欢读书，喜欢学习，但是他们并不认为是知识造就了智慧——所有的知识都是智者们的智慧结晶，知识是为了储存智慧而存在的。如果孩子们在成长的过程中，只是收集知识而不加以消化，那么这样的孩子跟一个"移动书架"是没有任何区别的。所以，在犹太人的教育理念中，思考才是第一位的，知识储备是思考的左膀右臂，只能放在第二位。

犹太人在教育孩子的过程中，总是会先培养孩子的怀疑能力，即使一个刚刚上学的孩子对亚里士多德的名言提出疑问，犹太家长们也会绝对支持的。可以说，犹太人支持孩子们用怀疑的眼光看世界的教子方法恰恰与我们中国的教子方法相反，在中国人的传统教子理念中，伟人们的话是不能够让孩子们质疑的。比如一个喜欢物理的中国小孩子告诉自己的父母，他怀疑牛顿的万有引力定律是错误的，那么大多数中国父母肯定会告诫孩子要谦虚，还没有多大能耐呢，就敢怀疑万有引力定律？而这一点也恰恰是中国家长的教子误区。家长可以教育孩子保持谦虚的品质，但是不能扼杀孩子的怀疑精神。换句话说，怀疑精神是孩子乐于思考精神的源泉之一，没有怀疑精神的孩子往往都是不善于思考的孩子，这样的孩子注定是不会太聪慧的。

犹太人非常不习惯给孩子做好一切，他们习惯于征求孩子的意见，在得到孩子意见之后再指导孩子按照自己的意愿去做。更为重要的是，在孩子们按照自己的意愿去做而中途放弃之时，犹太人对孩子们的批评通常都会非常严厉。在犹太家长看来，孩子们之所以在做出选择之后又中途放弃，是因为孩子们在当初选择的时候就没有思考，没有考虑到做出选择之后有可能遇到的困难，所以才会中途放弃。他们认为，孩子们不加思考的选择会成为一种习惯，进而影响他们的一生。因此，犹太人非常注重培养孩子在做事前先思考的习惯。而我们中国家长总是喜欢替孩子们做好一切，从孩子一出生就开始为孩子安排未来，大到人生规划，小到刷牙洗脸，父母都会替孩子思考并替孩子做出抉择。结果是，一些孩子成绩优异，生活自理能力却很差，而这样的孩子大多数都是"高分低能"的代表。

所以，中国父母在培养孩子的过程中，一定要向犹太人学习，允许孩子用怀疑的眼光去看世界，让孩子养成先思考后选择的好习惯。只有这样，中国的孩子们才能够因为思考而聪慧，因为聪慧而更会思考。

>>> 3. 向犹太人学习提高智商的方法

犹太人之所以有着令全世界都羡慕的聪慧，很大的一个原因就是犹太人有一颗高智商的大脑，而犹太人的高智商来自于他们那传承了上千年的独特教子方法。犹太人认为，每一个孩子在出生的时候，其智商的高低相差无几，而高智商的人都是通过后天培养才拥有了别人羡慕的聪明。因此，犹太人父母在教育孩子的过程中，非常注重对孩子智商的提升——高智商的大脑是成功最基本的前提之一，让孩子拥有一颗高智商的大脑是每一个父母的责任。

犹太人认为，智商的高低取决于人在成长过程中对客观事物的观察和认知水平的提升，以及综合思维能力的培养。所以，犹太人父母在教育孩子的过程中，非常注重培养孩子的想象力、观察力、记忆力、思维能力、分析判断能力和应变能力等能力的提升。

犹太人的杰出代表爱因斯坦曾说："想象力远比知识本身更重要。"拥有丰富的想象力，是提高智商的开端。当一个犹太小孩出生之后，父母就开始着手培养他的想象力。通常，犹太人父母提升孩子想象力的最主要方法就是让孩子们展开丰富的联想。比如说，孩子看到溪流，父母便会向孩子描述大海的波澜壮阔，让孩子看着眼前的溪流展开丰富的联想，让面前的小溪流在孩子的脑海中放大一千倍一万倍。可以说，就是犹太人父母的这种启发式联想教育，让孩子的想象力随着年龄增长而不断丰富起来，从而让孩子的智商也随着想象力的逐渐丰富而提升。

生物学家达尔文让整个人类的认知水平提升了一大步，他在解释自己为什么会创立"生物进化论"这一学说时说："这一学说不是我想到的，不是我思考得来的，而是通过我的眼睛得到的，敏于常人的观察力是探知人类起源的最终原因。"达尔文也是犹太人，从他的这段话中可以看出，观察力是提升智商的关键性因素。其实，在犹太人的三千多年的发展历程中，提升观察力一直是犹太人父母提高孩子智商的一个重要方法。著名的犹太人画家达·芬奇在跟老师费罗基俄学画画时，老师就让他不停地画鸡蛋，目的就是通过不断的重复来提升他的观察能力。犹太人父母提升孩子观察力的方法非常简单实用——给孩子们制订观察作业。在以色列，每一个读小学的孩子每天除了做完自己的功课，还要完成父母交给的观察作业。这些观察作业非常有趣，根本不会增加孩子们的课外负担，比如"观察家里今天和昨天的变化""观察妈妈是不是比昨天更漂亮一点""观察猫和老虎有什么不同"等让孩子非常乐意去完成的课题。这种有趣的观察作业会在孩子们小学毕业之后取消，因为经过几年的培养，孩子们已经养成了善于观察的习惯，他们的观察力在习惯作用的支配下日益提升，而其智商也随着观察力的提升而提升。

提高记忆力，也是提高智商的好方法之一。犹太人父母在培养孩子智商的过程中，总会想尽各种办法来增强孩子的记忆力，孩子记忆力的提升也能够使得孩子的智商也得到提高。犹太人提升孩子记忆力的方法非常独特——通过感官刺激来增强孩子的记忆力。比如说，当犹太人父母教给孩子"水"这个单词时，会端来一盆水让孩子一边触摸盆里的水，一边跟着父母熟悉"水"这个单词。当然，通过感官刺激来增强孩子记忆力的方法看起来比较麻烦，所以犹太人父母总是将这种方法融入到日常生活中，通过有意识地用这种方法安排孩子的学习生活，使得孩子在生活学习中不知不觉地提升记忆力。

一个人智商的高低体现在他的思维上。换句话说，谁的思维能力越高谁的智商就越高。因而，犹太人父母在培养孩子智商的过程中，不断地提高孩子的思维能力也是他们的努力方向。犹太人父母提高孩子思维能力的最主要方法是通过开发孩子的逻辑思维来提升孩子的思维能力。为了提高孩子的逻辑思维能力，犹太人父母经常会为孩子们准备一些侦探小说，和孩子下象棋以及做一些锻炼逻辑思维的小游戏。而事实证明，犹太人父母的这一方法非常见效。美国科学家在 2002 年的时候到以色列做过一项调查，抽出 1000 个经常接受父母逻辑思维能力开发的 10 岁小学生进行智商测试，结果智商值达到 120（智商值 90 ～ 120 为正常人，120 ～ 140 为聪明人，140 以上为天才）以上的有 867 人，达到 140 以上的 1 人，而在智商值 90 ～ 120 之间的只有 132 人。所以，父母在提升孩子智商的时候，也可以像犹太人父母一样从开发孩子的逻辑思维能力开始。

犹太人父母在教育孩子的过程中，有一个非常著名的特点，那就是指导孩子做出选择，而不是替孩子做选择。其中一个重要的原因就是，增强孩子的判断力有助于提升孩子的智商——孩子的分析判断能力越强，其思考就越全面，智商也会随之提高。所以，犹太人父母从来不替孩子做出任何直接的分析判断，他们只是替孩子们提出自己的建议，然后让孩子自己去判断。

不论是被人称作"东方沙漠之狐"的以色列前总理沙龙，还是被称为"华尔街拿破仑"的金融大亨索罗斯，他们都有着非常出色的应变能力，除此之外，他们都具有的另一个相同点就是——他们都是高智商的人。应变能力强的人往往具有很高的智商，所以犹太人父母往往会通过提升孩子的应变能力来增强孩子的智商。因而，犹太人小孩在日常生活中遇到困难或者危机时，父母很少出手帮助，而是让孩子们自己独立处理困难与危机，只有当孩子束手无策时，父母才会出手帮助或稍稍提点。

> > > 4. 怎么去发现孩子的才商

以色列青年卡尼是一个生活异常贫困的人，他非常热衷于赌博，父亲留给他的百万家产都被他输了个一干二净。幸运的是，卡尼的邻居是海斯勒是个心地非常善良的人，他不忍心看着卡尼每一天都过着饥一顿饱一顿还无处容身的生活。于是，他便让卡尼帮助他照看自己的一处庄园，既管吃住还为他提供了一份薪水。

卡尼对于海斯勒的帮助非常感激，所以他在照看庄园的时候非常负责任，每天都认真地巡视庄园好几遍。可是，卡尼在海斯勒的庄园生活了半年之后却决定离开。

当卡尼将自己想要离开的想法告诉海斯勒的时候，海斯勒吃惊地问："伙计，你是觉得我对你的照顾不周吗？还是嫌弃我给你开的薪水太少？"卡尼告诉海斯勒："我在这半年里想通了一件事，我之所以会由一个百万富翁变成一个穷光蛋，最大的原因不是我迷恋赌博，而是我的愚蠢，我的愚蠢让我陷入赌博的泥潭而不能自拔，所以我希望我可以去学习成为一个有智慧的人，我想这样的话，终究有一天我会重新过上百万富翁的生活。"

听了卡尼的话，海斯勒感到非常高兴，他为卡尼准联系了一所学校让他去读书，并借给他一笔生活费。然而，让海斯勒惊讶的是，卡尼学习了几个月之后又重新变成了一个乞丐。对于卡尼的这一做法，海斯勒非常不解，他亲自跑去问卡尼为什么重新做回乞丐，卡尼却选择了沉默。为此，海斯勒非常生气，他认为卡尼就是一块扶不上墙的"烂泥"。

然而，更让海斯勒惊讶的是，十多年之后，卡尼竟然成为了当地最有钱而最不为人知的大富翁之一。原来，卡尼在上学的时候发现，自己最擅长的才能就是表演。但是，由于自己上不起戏剧表演学校，他经过一段时间的思考，做出了重新做回乞丐的决定——乞丐这一职业是非常需要表演天分的。可以说，正是卡尼的这一决定让他摆脱了赌博带给他的贫穷，让他又重新回到富人的行列——善于表演的卡尼通过不同的装扮表演总能够引起大家的同情心，他一天乞讨得到的钱就高达上千新谢克尔，最高的一天他乞讨到了一万多新谢克尔。所以，十多年的乞讨生活之后，卡尼赚到了他一个人根本数不清的钱财。

从卡尼的故事中可以看出，一个人的成功除了与情商和智商这两个决定性因素相关外，与才商也是密不可分的。所谓的"才商"就是，指一个人在某一方面所具有的天赋值，同情商和智商一样，才商也是越高越好。一般来说，一个人在某一方面拥有过人的才商，那么他在某个方面具有过人的天赋，只要他懂得有效地开发利用自己的天赋，他就能够在某一领域取得巨大的成功。比如说"小巨人"姚明，因为遗传因素，姚明天生就是一块打篮球的好料子，再加上他出生在篮球世家，因此姚明的篮球天赋比一般的孩子都要高。但是，姚明能够成为当今篮坛上的顶级球员之一，并不是因为姚明那与生俱来的出色篮球天赋，而是他对自己篮球天赋的开发——姚明多次被新闻媒体与专业篮球人士称为"训练量最大的球星之一"。

犹太人认为，一个人要想在短暂而又漫长的人生之路上走得轻松走得辉煌，就必须让自己成为一个高才商的人。换句话说，只有懂得开发利用自己与生俱来的天赋去制造辉煌，才能比别人更容易拥有一个辉煌的人生。因此，犹太父母在教育自己孩子的过程中，非常注重提升孩子的才商，只有让孩子拥有高才商，才能够让孩子的人生旅途在轻松快乐中度过。犹太人父母培养孩子高才商的方法有很多方法，其中最为犹太人父母所推崇的方法有以下几个：

　　第一个方法，让孩子拥有高才商的前提条件是发现自己最擅长的领域。

　　《塔木德》中有这样一句话："世界上没有两片完全一样的树叶，更不会有两个完全相像的人，只要能够让自己的特点被部落接受，那么你就会获得整个部落的尊重。"犹太人父母在培养高才商孩子的过程中，从来都不会像无头苍蝇一样，盲目地培养孩子在某一方面的才能。他们会留心孩子的身体特点，等到孩子开始接受知识的洗礼时，就已经帮助孩子们找出了他们最擅长的地方，然后再去努力帮助孩子提升这方面的能力，为孩子将来的发展奠定一个基础性优势。

　　第二个方法，犹太人父母从来不会宽容浪费天赋的孩子，苛刻是他们提升孩子才商最常用最有效的方法。

　　《塔木德》中有这样一句话："你可以放弃自己的心脏，你也可以放弃你所拥有的过人智慧，但是你唯一不能放弃的就是你的天赋。"在犹太人看来，一个人拥有某一种天赋就是上帝赐给这个人最珍贵的礼物，如果有人不懂得珍惜自己的天赋，让自己的天赋白白浪费掉，那么他就是应该被石块砸死的人——浪费天赋就是一种亵渎上帝的行为。所以，犹太人在培养孩子高才商的过程中，对孩子非常苛刻，如果孩子不努力去开发自己的天赋，父母通常会非常严厉地批评孩子，绝对不会让孩子有一点半点的松懈。因而犹太人在孩子的教育上有一个很古老的传统，孩子可以在其他方面偷点小懒，但是绝对不能在自己擅长的钢琴课或者美术课等能提升自己才商的课程上偷一点点懒。由此可以看出，犹太人父母对于提升孩子才商的关注度有多么强烈。

> > > 5. 造就高智商儿童——让孩子爱上阅读

　　犹太人非常喜欢读书，据相关研究机构统计，犹太人的阅读量一直排在世界首位。不论是大人还是小孩，他们对阅读的重视不亚于对自己生命的重视。犹太人在教育孩子的时候，总是会给孩子们准备比玩具多很多的书籍——让孩子们在书籍的陪伴下度过童年的美好时光，这也是孩子们童年最大的幸福。书籍是人类思想智慧的结晶，孩子与书籍为伴，沐浴在智慧的光芒之中，对于养成乐于读书的好习惯尤为重要。

　　施韦德和坎德尔博是生活在波兰东北部的一个小镇上的犹太牧羊童。他们生活的小镇非常漂亮，就像童话书中描述的那样，有着蔚蓝到极致的天空，漂亮的木头房子和平缓起伏的草山。

　　施韦德和坎德尔博就在这样的环境中一天天成长着，幸福是他们生活中最不缺少的东西。可是，谁也不会想到，这样幸福的生活很快就因为一场突如其来的战火而支离破碎，两个牧羊童再也回不到从前那令人羡慕的家乡了。

　　1939 年 9 月 1 日凌晨，纳粹德军的魔爪伸向了波兰，人类历史上最可怕最血腥的一场浩劫就此拉开了帷幕——第二次世界大战爆发。就在纳粹德军入侵波兰之际，施韦德和坎德尔博和所有的欧洲人一样，根本没有意识到战争就这样毫无预兆地爆发了。此时的施韦德和坎德尔博还是两个 14 岁的牧羊童，战争对他们来说只是一个让人感到恐惧的概念，他们虽然也听说了纳粹德军屠杀犹太人的消息，但是由于对战争、死亡的理解还很模糊，他们仅仅意识到自己很可能会遇到生命危险，死亡到来之前，生活似乎依旧美好。

一天，当施韦德和坎德尔博从山上赶着羊群快回到小镇上的时候，他们发现曾经那个美丽的小镇已经不在了，映入眼帘的是正在燃烧着的残垣断壁与躺在地上被血水浸泡着的尸体——整个小镇遭受了纳粹德军的屠戮。施韦德和坎德尔博赶紧扔下羊群跑向自己的家，等到他们跑到家门口的时候发现，父母亲都倒在院子里，身上的血水已经大片大片地凝固……

施韦德和坎德尔博安葬好家人，准备躲进山里去。施韦德搬进山里的是纳粹德军丢下的黄金和粮食，而坎德尔博搬进山里的却是小镇上所有没有被烧掉的书籍和自己的羊群以及一部分粮食。值得施韦德和坎德尔博庆幸的是，此后几年，纳粹德军一直没有发现他们。而在这几年中，施韦德每天的生活都是吃饭、睡觉、去山里玩，坎德尔博则每天都在简易的茅草棚子里读书，一本接一本地读。

等到他们从深山里走出来的时候，施韦德除了由一个少年变为青年之外，最擅长的还是牧羊，而坎德尔博却因为大量阅读而成为了一个闻名遐迩的青年学者，两个人的人生轨迹就此改变。当人们问起施韦德为何没有成为像坎德尔博一样著名的学者时，他总会回答："没办法，谁让他比我智商高呢？"而当人们问起坎德尔博为什么没有像施韦德一样继续做一个牧羊人时，他总会回答："是阅读让我变得更聪明，是阅读让我学会思考，更是阅读让我的兴趣由牧羊转移到了做学问上，所以我由一个牧羊人变成了一个知识渊博的人。"

从上面的故事中我们可以看出，聪明不过是知识积累的结果，而阅读则无疑是人类进步的最快阶梯。只要愿意阅读，每一个人都能够让自己慢慢变得更聪明。犹太人在教育自己子女的时候，都会注意培养孩子的阅读习惯——只有当阅读成为一种习惯的时候，孩子的智商才能在知识的积累过程中逐步提高。可以说，良好的阅读习惯才是孩

子提高智商的关键点。那么犹太人是如何培养孩子的阅读习惯的呢？

犹太人认为，阅读是一种体验，良好的阅读感觉是培养孩子拥有良好阅读习惯的基石。很多的犹太人父母在孩子一出生的时候，就会在摇篮前为孩子诵读诗歌或是宗教经典，让孩子在襁褓中就倾听着朗朗的读书声，这会让孩子潜意识里对书本产生依赖性。等到孩子能够记事的时候，大多数犹太人父母几乎每一天都会抽出一定的时间教孩子读书，但是他们从来不会要求孩子去背诵去记忆，他们这么做的目的只有一个——让孩子对书本感兴趣，为以后的自发阅读奠定基础。从犹太人父母教育孩子的过程中可以发现，中国父母教孩子读书与犹太父母不同的是，中国的父母非常注重孩子的读书成绩。生活中，我们经常可以听到很多的中国父母在亲戚朋友面前炫耀自己的孩子已经识记了多少多少个字，读了多少本书，记住了多少个单词，却从来没有考虑过孩子在识记的过程中是否建立起了良好的阅读兴趣。在中国，很多孩子从小就被称为"天才""神童"，可是这些被强迫阅读的孩子没有建立良好的阅读兴趣，随着年龄增长，他们的自我意识越来越强，就不甘于父母的"威逼利诱"。如果父母不改变教育方法，孩子就会极度反感阅读，因为阅读在他们的亲身体验中是一种"酷刑"而非享受，最终的结局就是我们的身边多了很多的"泯然众人矣"的方仲永。所以说，我们中国的父母在培养孩子养成良好的阅读习惯的时候，一定要让孩子感受到良好的阅读体验，增强孩子的阅读感觉，只有这样才能够让孩子拥有一个好的阅读习惯。

培养孩子养成良好的阅读习惯应该从孩子自由选择书籍开始。犹太人父母不会替孩子选择书籍，而是让孩子在他们的引导下自主选择适合自己的和自己喜欢的。从孩子懂事起，犹太人父母便开始观察孩子的性格，通过对孩子性格的了解来判断孩子会喜欢什么样的书，然后买回适合孩子性格的不同类别的书籍让孩子自己挑选。可以说，犹太人父母的这一做法，让孩子一开始就能够找到自己喜欢的书籍，并由此建立自己的阅读兴趣，进而培养出孩子的阅读习惯。

　　此外，犹太人还认为，阅读是一种责任感的体现。在犹太人的生活理念中，阅读从来都是一件非常重要的事情。18 世纪，犹太人宗教还制定了这样一项法律：如果某人的手中有书籍，而不向借阅的人出借，便是违法，应当缴纳一个金币的罚金。可见，犹太人已经将阅读视为社会活动中的一个重要项目。因此，犹太人父母在培养孩子养成良好的阅读习惯的时候，都会经常告诫孩子——读书是每一个犹太人的职责，是犹太人永葆智慧的根基，谁不读书谁就是知识的敌人。而事实也证明，犹太人父母的这一做法非常见效，在父母的引导下，绝大多数孩子都能够体会到阅读的重要意义，自觉将读书视为一种责任，他们也在这种"有责任"的阅读中建立起良好的阅读习惯。

> > > *6.* 优秀父母如何打造高情商的孩子

犹太人认为，高智商的人不一定是高情商的人，但高情商的人却一定是高智商的人。在家族教育中，他们对孩子情商的呵护与培养不亚于对阅读和思考的重视。

纵观人类数千年的发展历程，那些对社会做出巨大贡献的英雄们都具有一般人所不具备的高情商，正是高于一般人的情商，让他们在面对困难与挑战的时候都能够拿出无所畏惧的勇气去面对，更能够在困难与挑战面前做出正确的判断，从而成就了他们的伟大人生。犹太人父母在培养自己的孩子时，非常注重培养孩子的情商——在他们眼里，给了孩子高情商，就是给了孩子一生幸福的基础。

古德凯奇是一名犹太人画家，他的画作在他生活的那个城市非常有名气，很多当地人都以拥有一张他的画作为荣。

古德凯奇由于痴迷艺术，结婚很晚，快四十岁的时候他才遇到自己的意中人，而他那心肝宝贝一样的儿子出生之时他就已经四十二岁了。古德凯奇非常疼爱自己的儿子，简直到了含在嘴里怕化了捧在手里怕摔了的地步了。

在儿子刚满一周岁的时候，妻子告诉古德凯奇现，是时候该培养孩子的情商了。可是，古德凯奇却认为妻子的看法非常不对，他认为一个刚刚开始咿呀学语的孩子应该快乐地生活，不应该在大人的束缚下成长。而且，古德凯奇想将孩子培养成一个将来比他更出色的画家，而画家的思维就应该在无拘无束的成长环境中发散，这样孩子在画画的时候才能更有灵气。所以，古德凯奇没有开始对孩子进行情商培养，并且阻止妻子对孩子进行情商培养。

在儿子已经满两周岁的时候，妻子再次建议古德凯奇对孩子进行情商教育。这一次，古德凯奇也以同样的理由拒绝了妻子的建议，并且像以前一样阻止妻子对孩子进行情商教育。

儿子快四岁的时候，妻子不忍心看着儿子的"黄金情商培养期"就这样被错过，她跪在古德凯奇脚下乞求他对儿子进行情商教育。谁知，妻子的这一举动不但没有让古德凯奇意识到问题的严重性，反而让他认为妻子这种俗人是阻止自己将儿子培养成大画家的绊脚石，于是他毫不犹豫地将妻子赶出了家门。

将妻子赶出进家门后，古德凯奇为儿子请了好几个女仆，天天伺候着儿子，同时无限制地满足儿子的各种要求，甚至在教儿子学画画的过程中，一旦儿子表示出厌烦情绪，古德凯奇就会立刻终止儿子的练习。随着时间的推移，古德凯奇发现，儿子越来越不像他希望的那样，而是变成了一个好吃懒做，性情狂躁的人，稍有不满意就会摔东西、殴打仆人……等古德凯奇认识到事情的严重性时，才想到要教育儿子，让儿子情绪变得像正常人一样稳定，可惜为时已晚——古德凯奇对儿子严厉管束了几个月，儿子却丝毫不知悔改。一天，古德凯奇在一件小事上与儿子发生了争执，儿子忍受不了父亲对他从言听计从到严厉管束的改变，一怒之下随手拿起一把剪刀戳死了自己的父亲。古德凯奇死后不久，愤怒的邻居们将他一手"培养"起来的不孝子装在布袋里从悬崖上扔了下去……

从上面的故事中我们可以看出，一个人情商的高低不但决定了他的人生轨迹，更是对家庭乃至整个家族的兴衰有着重要的影响。

在犹太人的发展历程中，父母是非常注重对 0～4 岁的孩子进行情商教育的，因为这个年龄段是一个人情商的形成期，过了这个年龄段，孩子的情商已经基本稳定，如果这时再对孩子进行情商教育，即使有

结果，那也只能收效甚微。现在的以色列，大多数 0 ~ 4 岁的孩子所受到的情商教育都是全世界最系统最精良的，政府和社会公益组织会投入大量的人力财力帮助 0 ~ 4 岁的孩子接受成长发展所需要的情商教育。而事实也证明，犹太人的这一做法确实收到了非常不错的效果，据相关科学调查表明，以色列人的整体国民情商水平比其他国家的国民情商水平要高出很多。

犹太人培养孩子情商的方法有很多，但是最为犹太人所推崇的方法主要有三个：

第一个方法，培养孩子情商的关键点是调节孩子的心理，只有心理正常波动，孩子才能够拥有高情商。

孩子最好的老师就是父母，因此犹太人认为，只要家长能够像一个优秀的心理辅导师一样去调节孩子的心理状态，让孩子的心理长期保持平稳，就能够让孩子的情商在长期的平稳心理状态下得到不断提高。

为了了解孩子的心理，犹太人父母在生活中非常注意观察孩子的一举一动，通过对孩子举动中所表露出的想法与意识来判读孩子的心理。掌握了孩子的心理之后，一旦发现孩子心理陷入不良的波动状态时，父母就会立刻和孩子进行深入的沟通，让孩子的不健康情绪与情感在父母的关爱下得到释放，从而使得孩子的心理经常保持平稳的心理状态，并由此让孩子的情商不断提高。

第二个方法，在增强孩子的同理心，引导他认同别人的感受与情感的过程中，让孩子的情绪与情感得到平抑与控制。

一位著名的拉比（犹太教主持）说："当我们遭受苦难的时候，我们希望得到别人的帮助，希望得到别人的同情，因此在我们看到那些受苦受难的人时，我们应该毫无保留地献出自己的同情心。"同情心就是同理心的表现，一般人对于"同理心"这个概念非常难以理解，因此我们可以通过了解"同情心"来了解"同理心"这一概念。"同理心"是一个人对于周围事物和环境以及其他人的心理和情感的认识。犹太人父母认为，对于孩子情商的培养应该从孩子的同理心开始，因为只有对周围事物和环境以及其他人的心理和情感有了清晰的认识，孩子们才能够对自己的情绪和情感应该所处的状态做出正确的反应。所以，犹太人父母认为，增强孩子的同理心，让他认同别人的感受与情感，能够让孩子的情商在正确的情绪与情感管理中得到提升。

　　第三个方法，培养孩子积极的心态是培养孩子情商的关键。

　　犹太人父母非常注重培养孩子的积极心态，因为他们知道积极的心态是孩子提升情商的关键。很多的犹太人父母在孩子还没有出生之时，就开始通过倾听一些情调高雅向上的音乐来对孩子进行胎教；孩子咿呀学语之时，他们又会为孩子讲述一些励志的故事，通过励志故事培养孩子的积极意识；孩子能独立读书时，犹太人父母则会为孩子买来不少的励志书籍来让孩子阅读。可以说，犹太人的高情商来自于积极的心态，而犹太人的积极心态来自于超前的励志教育。

>>> 7. 在与人合作的过程中才能获得成功

几乎所有成功人士都有一个共同点：他们都是在与人合作的过程中才获得了成功，犹太人对此也深信不疑。在犹太人的智慧中，就有许多真理是与"与人合作"相关的。他们认为，优秀的人才是不孤独的。因此，犹太父母也有一种观点：孩子将会度过漫长的一生，而能否具有团队精神将直接影响他的命运走向成功还是走向失败。因此，犹太父母会注重引导孩子从小就学会与他人相处、与他人合作。

雅伯尼是犹太民族中一个受人尊敬的拉比，许多人对他的看法深信不疑。雅伯尼有一个说法十分受大家的欢迎："我和我的邻居之间存在着太多的相同点和不同点，例如我是上帝的创造物，而我的邻居也是上帝的创造物；我在城区工作，而他却在农村里奋力；我为我的工作而早起并珍惜时间，他为他的工作而早起并珍惜时间；他不擅长我的工作，而让我去做他的工作我也做不好。人们常说，身为拉比的我做的事情十分了不起，那么他的工作就十分渺小甚至可以忽略吗？而且，无论怎么样，我和我的邻居在一起的时候，我们就是一个团体，我们都不应该从对方的状态中脱离出来。"

犹太民族是一个重视团队的民族，时至今日，犹太民族仍然保持着与周围的人进行合作的习惯。他们认为，加入一个适合自己的团队，不仅会使自己的思想得到一个与他人思想融合的机会，自己也会从团队中的其他人那里得到启发并且萌生出新的思想观念和创意。因此，除了思想家和哲学家等某些特定的职业外，人们只有在团队里才能使自己变得精力充沛，才思敏捷。

其实，犹太孩子在成长的过程中也会早早地意识到团队的重要性。两三岁时，他们便在父母的引导下萌生出"融入团队"的意识；六七岁的时候，他们便会从自己的团队或群体之中得到精神的归属感，而这种归属感在增强孩子信心方面会起到不可代替的作用。

细心的犹太父母发现，孩子在成长阶段都害怕被同伴排斥。假如孩子们得不到同伴的认可，被排斥在团体之外，无法获得与小伙伴合作的机会，这会令孩子深感痛苦。而且，没有同伴、没有团体接受的孩子在痛苦之余，自信心也会大受挫折。在犹太人看来，遭到伙伴排斥的孩子通常有以下两种情况：

一种是由于某些特殊的无法避免的原因而被同伴拒绝。如迁居异处，对生活环境和周围的人群等都十分陌生。但是这种情况不必担心，经过一段时间的融合，孩子们很快就会与新的同伴融合到一起，并且被新的团体接受。

还有一种情况则是孩子的性格造成的。例如有些孩子性格内向，不善于与人交流，极为害羞；而一些性格外向的孩子又极富侵略性，脾气暴躁。其实，无论是此种情况还是上一种情况，孩子被排斥都会让父母感到担心。但是，父母更应该对此有所警惕。如果发现孩子存在上述两种问题，要及时正确引导孩子走出阴影，尽快融入到团体之中。

犹太人一直都在不断寻找方法避免孩子出现以上几种情况。那么，父母怎样做，才能够让孩子融入同龄人的团体之中，学会与人合作呢？首先，父母不能将孩子囚禁在家中，否则只能使孩子更加封闭。身为父母，要鼓励孩子多与小伙伴在一起，多参加团体活动，开阔眼界，增长知识。同时，当孩子到了适当的年龄，父母应该支持他们参与各种各样的活动，并且参与多个团体。在这些团体里，成员在性格、兴趣和技能等方面都有相似之处，并且有很多人都处于相似或同一水平上，因而无论是相处还是合作，都会更加容易。

这正是犹太父母的明智之举。犹太人知道与人交往的重要意义，也知道在团体中孩子们会结交不同的朋友，而不被团体接纳的孩子将

会在成长道路上遇到巨大的阻碍。假如孩子们没有朋友，也不能融入任何一个团体，犹太父母就会和孩子在一起形成一个"小团体"，使孩子能够得到心灵上的慰藉，而不会让孩子因为无法融入伙伴们的团体而产生挫败感。虽然父母的这种做法只能给孩子带来暂时的安慰，但这却是孩子需要的，并且能够帮助孩子健康成长。

犹太人之所以能在经商、教子方面具有很多超乎常人的智慧，与他们深厚的民族传统也无法分开。因此，如果父母能够加入某个团体并且与团体的成员建立良好的关系，那么孩子必然会受到父母的影响和感染，也与伙伴们融合在一起，学会与人合作。同时，在犹太人的意识中，拥有同伴的人生才是完整的人生，懂得怎样与人合作必然会使孩子受益无穷。

第三章

优秀的教育理念造就
优秀的孩子

人的内心里有一种根深蒂固的需要——总想感到自己是发现者、研究者、探寻者。在儿童的精神世界中，这种需求特别强烈。但如果不向这种需求提供养料，即不积极接触事实和现象，缺乏认识的乐趣，这种需求就会逐渐消失，求知兴趣也与之一道熄灭。

——苏霍姆林斯基

儿童的时间应当安排满种种吸引人的活动，做到既能发展他的思维，丰富他的知识和能力，同时又不损害他童年时代的兴趣。

—— 夸美纽斯

假如自负、虚荣心或愤怒使儿童失去了恐怖心，或者使他不听恐怖心的劝告，便应该采取适当的方法消除掉这种心理，应该使他稍稍考虑一下，降低火气，三思而后行，看看眼前的事值不值得冒险。

——洛克

儿童的天真和老人的理智是两个季节所结的果实。

——布莱尔

> > > *1.* 巧用"欲擒故纵"，保护孩子的好奇心和探索欲

在日常生活中，许多家长会发现，当自己刻意要求孩子做什么或怎么做一件事的时候，他们往往会不依照要求去做或反其道而行；而如果让孩子随意行动,孩子却往往会朝着家长期望的方向去行动。其实，这就是教育的神奇之处。孩子都有逆反心理,他们好奇心大,喜欢探索，根本不甘心由他人的思想支配自己的行动。由此看来，家长如果对孩子采取欲擒故纵的方式反而能见到理想的成效。也就是说，欲擒故纵的教育方式反而能得到良好的教育效果。

一个老人退休后在老家的小城里买了一栋房子，准备在那里安享晚年。住进这栋房子后，闲暇时老人会写些回忆录，以让自己的晚年生活过得更加充实。

刚搬到这里的前几个星期，一切都很平静，老人每天都能在安静的环境中写他的回忆录，所以老人对自己的这处居住地点感到很满意。但是一天傍晚，老人打开笔记本准备写东西时，三个十岁左右的小男孩在老人房子后面的空地上玩了起来，他们把易拉罐放在脚下当球踢，比赛谁踢得远。这让喜欢安静的老人无法忍受。于是，老人来到三个小男孩面前，与他们进行沟通谈判："你们很喜欢踢球吗？"

小男孩们回答："是的，我们长大后想做足球运动员。"

老人笑着说："很不错的理想，我也很喜欢看年轻人踢球，如果你们能每天都来这里玩，我会给你们每人一块钱的奖励。"三个小男孩高兴地答应了。

第二天，三个小男孩踢得更加起劲儿，老人按照约定每人给了他们一块钱。

第三天，当三个小男孩气喘吁吁地结束踢球表演时，老人对他们说："真是抱歉，我最近的生活非常拮据，所以每天只能每人给你们五毛钱了。"三个小男孩虽然对此非常不满，但还是勉强接受了。每天放学后，照常来这里为老人表演"踢球"。

一个星期后，老人苦恼地对三个满头大汗的小男孩说："对不起，我最近没有收到养老金汇款，所以每天只能给你们一毛钱。"

"一毛钱？！"三个小男孩的脸色当时就黑了，他们愤愤地说："我们不会为了区区一毛钱，而浪费宝贵的学习时间。再见，我们不会再来了。"

从此以后，老人又可以在安静的环境中写自己的回忆录了。

俗话说"物极必反"，如果老人当时愤怒地责备孩子打扰了自己的安静生活，要求他们立即离开，三个小男孩反而会不让老人如愿。而老人正是利用了孩子的逆反心理，采用欲擒故纵的方法，对孩子进行一系列的引诱，最终达到自己想要的效果。当然，欲擒故纵也要把握好尺度，每个孩子的性格不同，起到的效果也不同。因此，家长们应当依照孩子的性格和心理特征，采用适合孩子的教育方式。

在日常家庭教育中，家长只要给孩子营造一种宽松的成长环境，适当利用孩子的逆反心理，采取欲擒故纵的方式就能成功使孩子改掉坏习惯。比如孩子喜欢赖床，批评教育也不见任何成效，这时，如果家长对孩子说："你爱睡到什么时候，就睡到什么时候，我不再叫你起床了。"刚开始，孩子会认为你只是一时之气，但如果你真的不去叫他，他是不可能睡到自然醒的。如果他不按时起床上学，会受到老师的批评和同学的嘲笑。其实，孩子也很在乎自己在学校的形象，每个孩子都不希望自己在同学面前的形象是个"懒虫"，因此，孩子会自动自发地按时起床，从而改变赖床的坏习惯。

　　试想一下，如果家长对孩子唠唠叨叨，每天叫孩子起床都要教训一番，时日一久，孩子就会感觉厌烦，对家长的批评和教育也会产生抵触情绪。这样一来，他们就很难平静地接受家长帮助自己改变坏习惯的行为了。

　　事实上，孩子们的好奇心和求知欲都很强烈。如果家长制止了他们的探索行为，就会压抑他们渴望前进的心理，打击他们的积极性，尤其是家长强制孩子停止探知行为后，还禁止孩子解释或不给孩子解释的机会，这样一来，他们很可能会产生逆反心理，以致家长制止什么，他们就偏要干什么。因此，在日常家庭教育中，家长不妨采用欲擒故纵的教育方式，多给孩子一些成长的宽松环境，从而激发孩子的好奇心和探索欲。

> > > 2. 怎样让孩子重拾对友谊的信任

俗话说，"孩子的脸，六月的天，说变就变"。孩子在成长过程中，总能很快就交到好朋友，但"关系破裂"的速度也很快，刚刚还亲密无间的一对小伙伴，为了某个小玩具或一句话，转眼之间，就可能变得"谁也不搭理谁"，甚至大打出手。虽然在年龄幼小的孩子身上，这种"说翻脸就翻脸"的情况，没有什么（因为喜怒变化快，是孩子的天性，他们通常会将表情毫不掩饰地摆在脸上），但随着孩子的年龄逐渐增大，家长们就要格外注意孩子的交友情况了。

一个小男孩和他的父亲回老家过暑假，小男孩是在城市里长大的，乡下的一切都让他感到新奇——他会好奇地看着那些小鸭、小鹅、小猪等动物，于是父亲很有耐心地为孩子一一讲解了关于这些动物的常识。但让父亲担心的是，小男孩子对乡下的孩子很排斥，和他们玩不到一块儿。

一天，小男孩和几个孩子发生了争执，大家因为小男孩嫌弃他们脏都不愿意跟小男孩做朋友。小男孩很生气，转身往家里跑，却不小心被一块石头绊倒了，于是就趴在地上哇哇大哭。这时，山谷中也传来一个小男孩的哭声，声音和他一模一样。小男孩好奇地问："你为什么哭？"

山谷中传来同样的声音："你为什么哭？"

小男孩问："你是谁，为什么学我说话？"

山谷也发出同样的疑问："你是谁，为什么学我说话？"

小男孩生气了，气愤地说："真讨厌！"

山谷同样气愤地说："真讨厌！"

小男孩气愤不已地回到家，向父亲讲述了事情的经过，并问父亲：

"这是怎么回事？"

父亲笑了笑，对儿子说："我的孩子，如果你赞美它的话，它也会同样赞美你。"

于是，小男孩和父亲再次来到那个山谷，他对着山谷大喊："你好！"

结果，山谷同样友好地回应："你好！"

小男孩高兴地说："我们做朋友好吗？"

山谷同样问道："我们做朋友好吗？"

小男孩感到很新奇，但又疑惑不解，他问父亲："为什么他要学我？"

父亲摸着小男孩的头，慈爱地说："这是回音，山谷会把你自己的话传递回来，无论你赞美它，还是指责它，它都会把同样赞美和指责返还给你。和人相处也是同样的道理，你如何对待别人，别人也会如何对待你。"

小男孩似懂非懂地点头道："那我以后也要友善地对待这里的小伙伴。"

人都有一种特性，如果一个人用什么样的态度对待别人，那么对方也会用什么样的态度对待他。因此，要让孩子懂得，只有友善地对待朋友，朋友才能友善地对待自己。当孩子与朋友发生矛盾时，家长要耐心地听完孩子的抱怨，了解事情的经过，根据实际情况，给予孩子中肯的意见，让孩子懂得"友善地对待身边的人，朋友也就会对自己真诚"的道理。

从家庭教育模式的角度来讲，孩子的朋友关系也是家庭教育的一部分。在美国的很多家庭中，家长很关注孩子交往的朋友。孩子的人际关系不但要开拓，还要维持、增进，因为人际关系是孩子人生中一门重要的必修课，孩子与朋友之间的关系处理得如何，关系到他未来的人际发展。因此，家长们除了要关心孩子的学习成绩之外，还应该对他们与朋友的相处情况上多加关注。

让孩子学习如何交朋友，维护与朋友之间的感情，也是家庭教育的一部分。在日常生活中，家长可以采用一些方法，充当拓展和开阔孩子人际关系之路的引导者，让孩子形成善于交友的优秀品质。

作为孩子人际关系上的引导者，家长首先要放下对孩子与朋友关系的"轻视心"。大部分孩子有了关系亲密的小伙伴，一般都会把小伙伴带到家里来玩。孩子把亲密的小伙伴带到家里，其实是向父母说"看，这是我的好朋友"，而通常孩子会很在意家长的看法，他们希望得到家人的重视，因此，家长不妨满足孩子的心理，为孩子和他的朋友营造一种良好的环境，分享他们的喜悦心情。当孩子介绍他的小伙伴时，家长要蹲下身子温和地询问对方的名字，并给予赞美，热情地招待对方，给他们拿水果、饮料和糕点，为他们提供宽松的环境。另外，家长还可以向孩子的朋友表示自己很希望他们能再来家里做客，和孩子独处时，要鼓励孩子经常带小伙伴来家里做客，以满足孩子小小的虚荣心。

在日常生活中，家长要帮助孩子处理好人际关系，不要让孩子因为一点小事就跟小伙伴"决裂"。当孩子与小伙伴发生矛盾时，回到家在父母面前肯定会抱怨，或是说小伙伴的坏话。比如说一些"我再也不跟他玩了"之类的气话。虽然孩子可以因一时之气发泄情绪，但家长切不可因为心疼孩子，就跟孩子一起"中伤"对方。其实，有些家长面对孩子与朋友发生矛盾的情况，会表现得很不理智，甚至会推波助澜。殊不知，这样只会助长孩子的不满情绪，他们会认为，与人发生矛盾时就应该如此，无形中就会形成一种狭隘的心理。因此，当孩子与朋友发生矛盾时，家长一定要保持冷静，先让孩子说一说事情发生的经过，尔后，家长应站在中立的角度，帮孩子分析是非对错，并教孩子用正确的方式解决问题。如此一来，孩子才能够积累正确、良好的交友经验和处理人际关系的经验。

此外，家长要经常鼓励孩子和朋友相互交流，相互帮助，不要让孩子的友谊沾染上任何功利色彩。比如孩子和某个小伙伴成为朋友，只是为了小伙伴新买的玩具或漫画书等。家长切记，不可纵容孩子产生如此想法，否则，一旦有一方觉得对方失去了利用价值，两人的朋友关系也就岌岌可危了。这样的交友观，会对孩子的人际关系产生不利的影响。

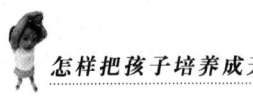
>>> 3. 创设良好的家庭学习氛围，
培养孩子良好的学习习惯

　　家庭是孩子最早接触的"学校"，也是他们最早接触的"社会"，而家长是孩子的第一任老师，又是终生之师，因此，孩子这根幼苗，能否像家长们所期望的那样长成茁壮的大树，与家庭环境的关系和家庭学习氛围是分不开的。但是，绝大部分孩子的家庭环境是复杂多变的。比如家庭环境氛围时好时坏，家长的教育模式换来换去，家长的基本素质水平有高有低等，这无一不对孩子的成长和学习有着深切的影响。美国哈佛著名的心理学家戴维斯教授曾说过："良好的家庭氛围对孩子学习进步的影响是举足轻重的，家庭环境对孩子的成长尤为重要，往往会影响他们一生。"由此看来，家长们应当注意为孩子营造良好的学习氛围，让孩子在一个健康的环境中快乐地学习、成长。

　　凯迪是一个成绩优越的高中生，最近父母的感情出现了危机，总是因为一些鸡毛蒜皮的小事引发争吵。晚上，父母吵架的噪音常常让他没有心情继续学习，他只能用被子将自己与父母的争吵隔离开。不久之后的一次测试，凯迪的成绩明显下降，父母担心他无法考上理想的大学，就为他制定了一系列的教育方法。但是在实施细则上的不同意见，又引发了争吵，最终任何教育方法也未能实施。凯迪对父母的争吵很是厌烦，上课时也无法集中精力，导致成绩不断下滑。

　　一天，父母又因为看什么节目争论不休。凯迪实在受不了他们的吵闹，就不声不响地去了同学家。许久之后，父母才意识到孩子不见了。找到凯迪时，凯迪不愿意再回到那个整日争吵不休的家。他表示："如果你们一直争吵，我永远都不会回去。你们天天吵吵闹闹，我根本无法静下心来学习！"此刻，父母才了解自己的行为对孩子造成了多么严重的困扰。

　　家庭氛围体现的是家庭内部的精神面貌及素质基础，家庭环境的好坏，既反映着家庭成员对社会的态度，也反映着家庭成员之间的感情深浅。家庭氛围对孩子成长的影响是不可估计的，如果孩子生活在一个和睦、文明的家庭中，受到这种氛围的影响，孩子在学习中往往能认真刻苦。在现实生活中，很多家庭也都像凯迪的家庭一样，家庭氛围嘈杂，孩子很难很难有一个安静的学习气氛，这是由于家庭成员的心理不相容，而只有相互尊重，共分忧愁，彼此信任，在家庭成员发生矛盾时，才能互相包容体谅，及时化解矛盾。事实证明，拥有良好家庭氛围的家庭总能培养出杰出的人才。

　　心理学家戴维斯教授曾跟踪调查过近千名成年人的童年家庭环境，结果证明，那些从良好的家庭环境中走出来的孩子，情感比较丰富、细腻，性格开朗，在工作中团队意识强烈，有很高的自我认同感；而那些从家庭氛围紧张的家庭中走出来的孩子，喜怒无常，容易产生忧郁情绪，行事胆小，固执己见，性格内向、自卑，情感冷漠，有时甚至会撒谎。那么，怎样的家庭才算是对孩子成长有益的良好家庭呢？一般来说，良好家庭环境的标准是：父母关系融洽，家庭成员团结友爱，能彼此关心、爱护、理解，荣辱与共，和谐公正等。

　　由于父母各自的生活经历、文化背景、素质程度、教育观点等都是不同的，因此，每个家庭中的气氛也是不同的。通常来说，父母都会采用自认为最好的教育模式来教育子女，效果当然也各有不同。其实，想要孩子提高学习效率，教育模式是其一，最重要的还是在家中为孩子营造良好的学习氛围。学习环境不好，即使教育模式再好，也很难看到成效。一般的家庭中，常见的环境有以下几种：

第一，保姆环境。生活条件好的家庭，父母工作比较忙，因此都会请保姆照顾孩子的日常生活（这是当下一种城市中常见的环境）。在这种环境中，保姆就像孩子的侍从，起不到威慑的作用，反而会助长孩子的嚣张气焰，让孩子有种"小鬼当家"的权威感。父母由于对孩子的关注较少，就在吃穿用度上尽量满足，一味迁就孩子的喜好，而保姆作为雇佣者，根本没有教育孩子的话语权，使得孩子在这种溺爱的环境中变得娇生惯养。也就是说，这种环境能侵蚀孩子的心灵健康，容易使孩子逐渐养成任性、霸道的"小皇帝"脾气。

第二，"暴力"环境。这种家庭中的父母表现为对孩子的不理解和不尊重。可以说，这种家庭的父母实行的是一种"棍棒之下出孝子"的教育模式。有的孩子放学回家后，如果不立刻做作业，父母就会凶孩子；有的孩子回家后先看动画片，父母就会粗暴地强制孩子把动画片关掉。总之，父母对孩子的要求非常严格，时常限制孩子的行为，而与孩子沟通时，也是冷酷多于温情。在这种环境下培养出来的孩子，性格往往比较懦弱、自卑，也很有可能会使孩子产生逆反心理，甚至会离家出走。

第三，宽容环境。这种家庭表现为父母比较开明，尊重孩子的选择，但却过于放纵孩子。孩子毕竟是儿童，他们并不像成人一样能够清楚、理智地看清事物的根本，因此，在孩子需要做出选择和发表意见的时候，父母要在一旁作为协助者，帮助孩子做出正确的选择。宽容的环境虽然对孩子的成长有益，但太过宽容的环境，就是一种放任和纵容——父母对孩子没有明确的要求，孩子就会感到茫然，完全不知道自己学习的意义究竟在哪里。环境与孩子的关系，就好比园丁和小树，环境太过宽松就像是不为小树修剪枝丫，对小树不管不顾，任其自由发展，在这种环境中，小树自然很难长成参天大树。

第四，民主环境。这类家庭的环境相对其他的家庭环境来说，对孩子的成长发展都比较良好。一般来讲，这种家庭尊重、理解孩子，教育模式比较民主，既关注孩子的一举一动，又能让孩子在学习中保持积极性，同时事事严格要求孩子。处在民主环境中的父母和孩子，家庭地位是平等的，孩子能感到自由，父母也不会制止孩子发表自己的看法和意见，对孩子的错误也能站在朋友的角度给予良好的意见。结果表明，与其他家庭的孩子相比，民主的家庭环境培养出来的孩子，心理品格特征更加优秀。

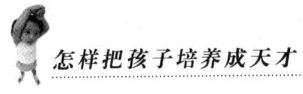
> > > 4. 让孩子"爱听"你的话
——父母与孩子快乐沟通的秘诀

"我说过多少遍了，你为什么不长记性啊？"

"不是叫你做完作业再去玩吗？你听不见吗？非要修理你一顿你才知道吗？"

"老师说你成绩又退步了，你最近到底有没有好好学习？"

"你看邻居家的小明，放学一回来就打开书包做作业，你看你，要说很多遍才肯学。"

"奶奶在午睡，你还把电视开这么大的声音，你真是不懂事！"

在很多家庭中，家长表示对孩子行为的不满，经常会用类似的言辞。这种指责、抱怨孩子的话，传达给孩子的信息是"爸妈不信任我""爸妈不了解我""我在爸妈面前根本没什么价值可言"等。或许孩子的一些行为，常常会让家长非常生气，有些时候，家长反复说了很多遍的事，孩子总是听不进去，甚至还不服管教，与家长顶嘴，而家长一气之下就开始责骂孩子，甚至对孩子动用武力。如果家长长此以往地使用这种教育方式，孩子会感到父母总是对自己不满，很可能会认为家长指责自己是因为讨厌自己，因此，也会逐渐对家长产生不满情绪——他们开始不愿意与家长合作，不愿意改正自己的错误，甚至故意反其道而行，对家长的管教产生敌对情绪。

当家长采用这种教育方式与孩子沟通时，其实就是拿孩子当"出气筒"。这种沟通方式，不仅不能让孩子改掉自己的不良行为，反而会加剧他们的不良行为。当一些家长对孩子的反抗行为愁眉苦脸、唉声叹气时，不妨反思一下自己平常是如何教育和对待孩子的，因为孩子的不良行为很有可能是由家长造成的。

杰洛米太太是一位12岁男孩的母亲，以前她每次管教儿子时，儿子玛特都要与她争论一番，但自从改变了与儿子的沟通方式后，她欣喜地发现，自己的孩子突然长大了，懂事了！

此前，玛特有一次在客厅拿着上个月父亲给他买的足球玩，把地板弄得脏兮兮的，杰洛米太太狠狠地教训了他一顿，但玛特依然我行我素。杰洛米太太意识到应该改变与儿子的沟通方式，当玛特再次弄脏地板时她对玛特说："地板又变得脏兮兮了，那可是我辛辛苦苦拖干净的，现在我又要重来一遍，腰好痛。"

玛特听了她的话，心想："妈妈好辛苦，我真是太不懂事了，让妈妈又要重新拖一遍地板。"于是，玛特不好意思地把足球放回房间里，并对杰洛米太太说："妈妈，对不起，我以后玩的时候，去外面的公园。"说完这些话后，玛特主动要求帮助妈妈一起拖地板。

杰洛米太太高兴地说："我的小玛特终于长大了，懂事了，谢谢你为妈妈减轻了负担。"玛特得到母亲的表扬后，非常开心，当他大汗淋漓地拖完地板时，才深刻地体会到了母亲做家务活的辛苦。他想到自己以前的行为，知道自己为母亲带来了不小的困扰，愧疚地对母亲说："对不起妈妈，以前我不该在客厅里踢球，以后我再也不会这样了。"

故事中，杰洛米太太对儿子的同一种行为，采用了两种截然不同的态度和沟通方式，产生了两种迥然不同的沟通效果。由此可见，家长不能一味地责骂孩子，尤其是青春期的孩子。如果家长总是责骂孩子，就会激发孩子的逆反心理，激起他们对父母的反抗行为，这样就很难达到沟通教育的效果，也只会让家长和孩子之间的隔阂越来越大。因此，在与孩子日常的沟通过程中，家长应该通过语言和行为，传达自己对孩子的关心和爱，并在沟通中表达对孩子的信任。通过这样的沟通，

让孩子感受到家长对他的尊重和信任，不仅能使孩子有意识地主动改变自己的不良行为，还能激发孩子对家庭的责任感。

而在家庭教育中，家长还要给孩子一个良好的教育形象，不要让孩子在自己做错事的时候，就下意识地想到"完了，妈妈知道后肯定要骂我了""要是爸爸知道我做错了，肯定会修理我一顿的"等不好的画面。一些家长之所以不能与孩子进行有效的沟通，就是因为在孩子心目中，家长代表着"暴力"。每当自己做错事或闯祸时，家长会对自己采用"暴躁"的方式，这让孩子心生畏惧，胆战心惊，这样一来，他们也就很难敞开心扉地和家长沟通了。更何况，有效的沟通方式是家长达到让孩子主动改变不良行为目的有效方式。因此，在家长与孩子沟通时，一定要注意方法和态度。

第四章

为什么说习惯决定
孩子的成败

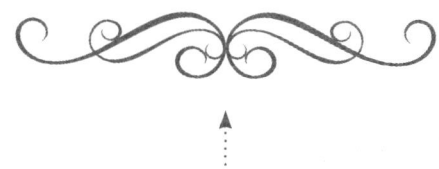

教育中应该尽量鼓励个人发展。应该引导儿童自己去探讨，自己去推论。给他们讲的应该尽量少些，而引导他们去发现的应该尽量多些。

——斯宾塞

当教育者把每一个孩子都理解为他是一个具有个人特点的，具有自己的志向、自己的智慧和性格结构的人的时候，这样的理解才能有助于教师去热爱儿童和尊重儿童。

——莎莉·琼

礼貌是儿童和青年都应该特别小心地养成习惯的第一件大事。

——约翰·洛克

不能把小孩子的精神世界变成单纯学习知识。如果我们力求使儿童的全部精神力量都专注到功课上去，他的生活就会变得不堪忍受。他不仅应该是一个学生，而且首先应该是一个有多方面兴趣、要求和愿望的人。

——苏霍姆林斯基

>>> 1. 教孩子懂礼貌，你粗鲁了吗

众所周知，礼貌是人与人之间沟通的桥梁。不论大人还是孩子，只有懂礼貌才会更受大家欢迎，更容易与人相处。所以，父母要从小培养孩子懂礼貌的习惯。但是，很多父母在教育孩子懂礼貌的时候都喜欢用粗鲁的方式。可能这种方式在开始的时候对孩子会有些效果，但是随着孩子的长大，这种方式就会变得越来越不管用，还会对孩子的心理产生不利的影响。虽然大多数父母对粗鲁教育这一方式持赞同意见，他们十分认同"不打不成器"的理论。但是，对孩子进行的调查结果显示，没有一个孩子认为粗鲁教育对自己是有效的。

帕特里亚姑妈来到莉莎家做客，5岁的莉莎收到了姑妈的礼物。看着精致漂亮的礼物包装，莉莎很是好奇，于是，她拿着礼物坐到了一旁，用力地压着，晃着，想弄清楚里面的礼物到底是什么。在一旁的妈妈看到莉莎这样有些尴尬，毕竟姑妈还在这里，现在就这样做未免有些不礼貌。于是，妈妈对莉莎说道："莉莎别这样，快住手，你会把礼物弄坏的。"但莉莎没有任何反应，依旧努力地研究着那件礼物。

对此，母亲变得暴躁起来，她大声地对莉莎说："莉莎快住手，我曾经教过你，在收到礼物的时候应该说什么。"

面对暴怒的母亲，莉莎很不情愿地说了声："谢谢。"听到这样的话，母亲才改口夸赞莉莎是个好孩子。和多数家长一样，莉莎的母亲也认为，这样的教育方式一定会让莉莎成为一个懂礼貌的好孩子，但是事实却恰恰相反——莉莎渐渐长大了，而随之一起增长的还有莉莎的坏

脾气——莉莎变得很容易生气，并且时常言语粗鲁。

面对这样的情况，母亲很是不解，明明自己已经很注意教孩子懂礼貌了，可孩子怎么还是会变成这样呢？后来，在一次与莉莎老师的谈话中，母亲才知道原来是自己粗鲁的教育方式的问题。

其实，在莉莎收到礼物没有说"谢谢"的时候，母亲大可不必大声训斥，她完全可以用委婉的方式引导孩子懂礼貌。比如她可以当着莉莎的面，对姑妈说："谢谢您送给莉莎礼物。"也许听到母亲说的话后，莉莎也会向姑妈表达谢意。即使孩子没有道谢，也不要对孩子大吼大叫，可以在事后单独与孩子谈论她的不礼貌，并教导她收到礼物该怎样表达谢意，这样的方式一定会比粗鲁的教育要有效得多。

在现实生活中，孩子与父母一起出去碰到熟人的时候，父母会跟孩子说："快说叔叔好。"孩子怕生，面对这种情况总是不愿意开口，这时候，父母往往会大声地催促孩子快点叫。但是，孩子依旧不开口，这时候父母多半会觉得尴尬，便会批评孩子不懂事，不懂礼貌等。无疑，父母这样做的出发点是好的，是想教育孩子懂礼貌，但是父母这样当众批评孩子也是不礼貌的事情。大人要面子，孩子也是要面子的，父母这样批评孩子会让孩子觉得很难堪，进而排斥这种与人打招呼的礼貌行为。

当父母正在与别人聊天、谈话的时候，孩子有时会突然打断他们的谈话。这时候，很多家长会很生气，会立刻打断孩子的话，并言语激烈地告诉孩子："打断别人说话是不礼貌的，你是个无礼的孩子……"而家长这样做的结果往往不是致使孩子懂礼貌，而是致使孩子越来越不懂礼貌。其原因在于，父母本身在教育孩子的时候就没有以身作则——"打断别人的谈话是不礼貌的"，同样，打断孩子的话也是不礼貌的，而在孩子没有说完话以前，不要打断孩子，可以在孩子说完自己的要求后，再告诉孩子"打断别人的话是不礼貌的行为"。

虽然很多家长教育孩子与人告别的时候要说"再见"，但是家长在

与人告别的时候却都是直接就离开了，并未说"再见"。孩子的学习能力是很强的，他经常看见父母这样做，时间长了会认为说"再见"是不对的，渐渐也就养成了与人告别时不与人打招呼的习惯。

每个家长都有望子成龙、望女成凤的期望，但是真正成才的孩子却是少数。而孩子出生的时候都是一样的，那为何在以后会出现天差地别呢？其实，追根溯源，问题主要出在教育方法上。中国自古就有"棍棒底下出孝子""不打不成才"的说法，其实这是一个教育误区。这样的教育方式不仅会伤害孩子的身心健康，还会对孩子的心理产生一定的影响。

总之，培养孩子懂礼貌的习惯要从小开始，并且千万注意不要使用粗鲁的教育方式，因为这样只会教出一个粗鲁、没礼貌的孩子。

>>> 2. 培养孩子的毅力，让孩子受益一生

美国的一项调查发现，一个习惯的养成周期是 21 天，但是要纠正一个孩子的坏习惯所用的时间要远大于 21 天。而深究孩子的坏习惯难改的原因，就是孩子决心不强，没有毅力。

约翰尼·卡许从小就有当歌手的梦想，因此，在参军期间他便买了吉他，开始学习音乐，甚至还自己创作歌曲。退役后，他开始寻找工作，想实现自己的梦想，但是根本没有人聘用他唱歌，甚至连音乐节目的广播员都应聘不上。

命运给了卡许第一次的考验，为了维持自己的生活，他只能做一些推销类的工作。但是，他并没有忘记自己的梦想，依旧坚持练习唱歌，并且组织了一个小型的乐队，在每天下班的时候去各个小教堂演出。

上天不负有心人，卡许美妙的歌声逐渐吸引了众多歌迷，使他变得有些名气了。可就在这时，第二次的考验来了——过了几年歌手的生活，他的精神垮了，每天晚上都会失眠，不服用安眠药绝对是睡不着觉的。而第二天他精神恍惚，必须要服用兴奋类的药物，才能让他看起来正常。因此，卡许染上了吸食毒品的恶习，并日渐严重，后来发展到对自己的行为失去了控制。渐渐地，卡许出现在监狱里的时间超过了在舞台上的时间。

后来，卡许要想正常地生活，每天必须要吃一百多片药。面对这样的生活，他开始迷茫了，自己的人生目标在哪里？

当他从佐治亚州的监狱被刑满释放时，一位法官对他说："约翰

尼·卡许，我把你的麻醉药还给你，你的人生要你自己选择，要么你选择把麻醉药扔掉，继续过你的歌手生活；要么你就去继续麻醉自己，毁灭自己。"于是，卡许开始反思自己近几年的行为，最后选择了抛掉麻醉剂。回到家以后，他找来了自己的私人医生，要求医生帮助他戒毒。但是医生并不信任他，他说："戒掉毒瘾比找上帝还要难。"

的确，戒毒是件很难的事情，但是卡许没有被吓到。他下定决心开始戒毒了，即使在别人看来那是不可能成功的事情，他也要试一试。因此，他把自己关在屋子里，哪儿也不去。每天只是让别人给他提供必需的食物和水，并把屋子里一切锋利、有伤害的物品都搬了出去。

那是个漫长且痛苦的过程——在此期间，卡许经常做噩梦，并且经常处于昏昏迷迷的状态。后来，卡许回忆这段经历的时候依旧心有余悸，他说："那时候，真的觉得浑身像有东西在扎一样。"在他多次想放弃的时候，是他从小的梦想给了他无限的勇气和斗志。

幸运的是，在自己的目标和麻醉剂之间，卡许选择了人生目标。九个星期后，他变回了原来的卡许。又过了几个月，卡许重返舞台，终成世界歌星。

卡许之所以能够改掉自己吸毒的坏习惯，重新回到舞台，得益于他惊人的毅力。由此可见，家长想要帮助孩子改掉他们的坏习惯，就得先着手培养孩子的毅力。一般而言，可从以下几方面着手：

（1）利用孩子的兴趣。

人们对感兴趣的东西往往会有很强的积极情绪，这些积极情绪会促使人们持续地把这件事做下去。因此，想要培养孩子的毅力，可以从孩子的兴趣入手。

（2）利用竞争。

孩子的自尊心是很强的，所以想让孩子做一件事情，可以为孩子找一个竞争对手，这样可以提高孩子做事的积极性。如果赢了，孩子就会感受到成功的喜悦；如果输了，家长可以趁此机会对其进行挫折教育，以增强孩子的抗挫折能力。

（3）利用奖励措施。

父母可以为孩子确立具体的目标，并规定在达到目标时给予一定的奖励。有了动力，孩子就会为了目标坚持下去，而在完成目标的时候，孩子会体验到成功的感受，这种感受会激起孩子完成下一个目标的想法。渐渐地，孩子就会养成做事坚持不懈的好习惯。

（4）榜样的力量。

要想让孩子有毅力，就要求父母以身作则，因为言传身教是最好的教育方式。这是对家长教育的考验，更是对家长毅力的考验，只有有毅力的父母，才能教出有毅力的孩子。

俗话说："锲而舍之，朽木不折；锲而不舍，金石可镂。"毅力是人们战胜困难的法宝，也是孩子战胜坏习惯的关键。而家长要想孩子能够很好地战胜坏习惯，一定要注意培养孩子的毅力。

>>> 3. 好习惯成就孩子的美好人生

在日常生活中，人们总会在不知不觉间形成一些习惯，这些习惯会潜移默化地影响我们的生活，甚至是我们的前程。

有一位富翁到了风烛残年，仍然膝下无子，也没有什么亲戚，于是他找了一个远房亲戚来继承自己的家财。这位远房亲戚是一个乞丐，平时靠乞讨为生。当他继承了富翁的财产以后，人们纷纷来祝贺。有人问这位幸运的乞丐："继承了财产以后你最想做的事情是什么？"乞丐的回答很引人深思，他说："我想买一个漂亮的碗和一根非常结实的棍子。"

由此看来，习惯对人的影响是很大的，它经常在不知不觉间就把人变成了它的奴仆。著名心理学家阿尔弗雷德·阿德勒曾经说过："习惯不是最好的仆人，就是最差的主人。它可以指引你走向成功，也可以载着你走向失败。"

保罗·盖帝是美国《财富》杂志在 1957 年评选出来的世界首富，认识他的人都知道，除了正式场合礼貌性地吸烟，平时的时候他是不吸烟的。但有一段时间，盖帝却非常迷恋烟。一次在法国度假的时候下起了雨，他在泥泞的道路中开了好久的车才到了自己所住的旅馆，吃完晚饭就回房间睡觉了。夜里盖帝突然醒了，而且这个时候的他很想抽一支烟，但是他翻遍了所有地方，却发现他居然没有烟了，而这个时候超市都已经关门了，唯一能买到烟的地方就是离这里很远的火车站去买。

但是，外面还在下着雨，他的车子关在了酒店的车库里（车库已锁门），想要出去的话只能打车，而在下大雨的夜里是很难叫到出租车的。

可在这种情况下，盖帝发现自己需要一支烟的渴望越来越强烈。于是，他起床穿好衣服，准备出去买烟。到达旅馆门口的时候，盖帝忽然觉得自己好傻。他站在那里，心里不停地想自己居然半夜离开舒适的屋子，想要冒着大雨走上很远的路，只为了去买烟。就在这时，他才发现自己居然养成了这样一个坏习惯——为了一个不健康的生活习惯可以放弃舒适的生活。显然，这是个不明智的举动。于是，盖帝决定戒烟。而从那以后，他真的没有再抽过烟，而且他还经常用这件事教育自己的孩子。

著名学者培根说："习惯是人生的主宰，人们应该追求好的习惯。"好的习惯是打开成功大门的钥匙，所以家长要尽早开始培养孩子养成好习惯。那么，父母应该怎样培养孩子的好习惯呢？

（1）进行榜样教育。

孩子都喜欢模仿大人，尤其是父母。所以，父母在日常生活中要养成良好的习惯，这样才能潜移默化地影响孩子形成好的习惯。父母要求孩子做的事情，比如按时睡觉、少看电视等，自己首先要做到，不要以"自己是大人"为由理所当然地保持自己的坏习惯。

（2）父母对孩子要尊重。

面对孩子的时候，父母心里总是有一种居高临下的感觉，认为自己是孩子的家长，孩子应该什么事情都听自己的。其实不然，孩子是一个独立的个体，会有自己的想法，所以父母也应该尊重孩子的意见，而且父母要明白，自己应该是孩子的朋友，而不是上司。

（3）日常生活中给孩子渗透好习惯。

日本著名教育家福泽谕吉曾说过："家是习惯的学校，父母是习惯的老师。"事实上，孩子的习惯多半是在家里养成的。所以，父母在日

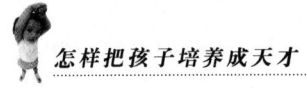

常生活中应该注意孩子的行为，为孩子灌输养成好习惯的思想，让孩子在不知不觉中养成好习惯。

（4）培养孩子的自理意识。

现在很多的家长都为孩子包办了太多的事情，让孩子没有了自理的意识，从而形成了依赖他人的坏习惯。为了避免孩子形成这样的坏习惯，家长应该改变自己对孩子过度保护的意识，并且教育孩子学会自理，平时在日常生活中有意识地让孩子做些他力所能及的事情，比如自己穿衣服，收拾房间等，久而久之，孩子就会形成良好的生活习惯。

著名教育家叶圣陶曾经说过："教育的实质意义就是培养孩子的好习惯。"所以，父母应该在孩子年幼的时候就有意识地培养孩子的好习惯——这些习惯会让孩子受益一生。

>>> 4. 以身作则做榜样，言传身教当父母

在现实生活中，父母职业是教师的孩子，往往比父母是其他职业的孩子更为懂事，更加懂礼貌。而心理学研究表明，出现这种现象完全源于父母的榜样作用——父母是孩子的第一任老师，孩子都喜欢模仿父母。也就是说，父母的习惯会影响孩子，从而让孩子在不知不觉中形成与父母一样的习惯。

曾经有这样一个感动了成千上万人的广告：儿子看到母亲为外婆洗脚后，就去为自己的母亲打洗脚水。当孩子颤颤巍巍地端着一大盆水走过来的时候，所有人都觉得心里暖暖的，不自觉地就露出了笑容。显然，这就是父母对孩子的影响！

2001 年，惠普公司为了寻找董事长普拉特的接班人，用了五个月来选拔人才。最后，卡莉·菲奥里纳从众多候选者中脱颖而出，于2001 年 8 月接任惠普董事长一职。2003 年，菲奥里纳荣登《财富》杂志美国女企业家排行榜榜首。在她总结的成功法则中有这样一条：爱你所爱的事，成功需要一点热情，而这些都是她从父母身上学到的。

菲奥里纳的父亲小时候生了一场病，导致身体非常虚弱。医生说，以后父亲再也不能踢足球了。但是，父亲最喜欢的就是踢足球。为了自己的这个爱好，他努力地进行康复练习，平时经常锻炼身体。慢慢地，父亲发现自己的身体没有那么糟糕了，他可以踢足球了（还不能踢太久）。但这是好现象，不是吗？父亲坚信，只要自己坚持锻炼，总有一天他的身体会好起来的，他总有一天能够完整地踢一场比赛的。果然，

几年以后，父亲的身体真的好了，他的足球也踢得更好了。即便日后成为了联邦法院的法官，他依旧没有放弃自己的踢球爱好。

而菲奥里纳的母亲出生在一个封建、传统的家庭里。那时，她的家里认为女孩子没有什么用，因此拒绝为她提供上大学的费用。但是，她不想放弃自己的理想，就选择离开了家，并靠着自己的努力加入了空军。在这个过程中，虽然她遇到了很多的困难，但是她都坚强地挺过来了，并且一直笑对生活。而现在，她已经是一名出色的艺术家了。

菲奥里纳表示，父母一直是她崇拜的人，父母的美好品质一直影响着她的生活，正因如此，她才会有如今的成绩。

俗话说，"言教不如身教"。父母是对孩子影响最深的人，也是孩子模仿最多的人，所以为人父母的人要控制自己的一言一行，以便给孩子做好榜样。

杰克刚刚6岁时，很喜欢玩游戏机，尤其是一到假期，基本上一天都会扑在游戏机上，完全不想写作业，即使父母提醒多次，也不起作用。

一天，杰克的父亲从外面回来，发现杰克还在玩游戏机，便对杰克说："儿子，你最近怎么总是玩游戏机，难道就不能分一些精力给学习吗？"

让父亲没有想到的是，杰克却说："你还说我，爷爷经常劝你不要在外面玩得太晚，可是你怎么还是经常半夜才回家呢？还有，你经常一看电视就看一天，妈妈怎么说都不管用。"这样的反问顿时让杰克的父亲哑口无言，而且这时他才明白，都是因为自己的榜样作用没有发挥好，才让儿子变成现在这样。

于是，杰克的父亲开始注重自己的言行，不再晚归，不再长时间沉迷于电视剧，尽量改正自己的一些坏习惯。果然，慢慢地，杰克也开始跟他学习，不再沉迷于游戏机了。

可见，孩子经常会用父母的行为来作为自己的行为标准。这样，父母在日常生活中的言行举止就变得很重要了。托尔斯泰曾经说过："千分之九百九十九，甚至是全部的教育都可以归结到榜样上，归结到父母自己的行为上。"也就是说，想要教育孩子，就要先改正自己的坏习惯。

通常而言，在生活中，父母经常会有以下几种错误的行为：

（1）言行不一致，让孩子觉得不可信。

就像杰克的父亲一样，虽然教育孩子不要沉迷于游戏机，好好学习，但自己却天天玩得很晚才回家。而孩子们都喜欢模仿，他们还没有正确的是非观，认为父母的行为就是正确的行为。因此，在孩子面前，父母应该尽量避免露出自己的坏习惯。

（2）家庭关系不平等。

父母都认为孩子是自己的，自己能完全地支配孩子的生活和行为，于是，总是用居高临下的态度来面对孩子。长此以往，不仅会影响孩子的自信，还会让孩子变得没有主见。

教育家福禄贝尔说："人们的命运，与其说掌握在自己手中，倒不如说是握在父母的手中。"所以，很多人提倡教育应该从改造父母开始。总之，父母在教育孩子时要放下架子，改掉自己的坏习惯，发挥好自己的榜样作用。

>>> 5. 父母爱许"空头支票"，孩子就容易说谎

据调查，中小学生最不满意的父母的行为中，"说话不算数"以43%的票数排在了第一位。其实，仔细想想这件事情也不奇怪——现实中，很多父母经常给孩子开"空头支票"。而父母给孩子开"空头支票"的原因，一部分是家长根本没将"空头支票"的内容当回事，一部分是认为孩子太小，不会在意家长说的话，还有一部分就是父母确实因为有事而耽误了承诺的兑现。

父母要知道，对孩子言而无信的后果是很严重的——孩子虽然还小，但却有很强的模仿能力。也就是说，父母平时做事的方式会成为孩子日后的行为准则。这样看来，对孩子经常言而无信的父母，一定会有一个爱说谎的孩子。

霍德森一家人有假期出去旅游的习惯。艾莉丝是霍德森夫妇的小女儿，很是顽皮，经常会做些让霍德森夫妇头痛不已的事情。比如艾莉丝经常会在吃饭的时候把餐桌弄得一团糟，不管霍德森夫妇怎样教育，都无济于事。

后来，艾莉丝听别人说荷兰很好玩，于是她开始央求妈妈下次旅行去荷兰。面对这样的要求，妈妈并没有答应，但是，艾莉丝依旧没有放弃去荷兰的愿望。

有一次，在吃饭的时候，艾莉丝一如既往地开始"祸害"餐桌——她把自己不喜欢吃的东西都挑出来，放在桌子上，还把不想吃的饭菜扔进哥哥姐姐的碗里。由于艾莉丝的哥哥姐姐也都是不大的孩子，所以一场"战争"就是不可避免的。

面对这场让人头疼的战争，霍德森先生想出了一个好办法——他对艾莉丝说："听着，艾莉丝，如果你能保证在暑假来临前每一天都好好吃饭，我就把这次的假期旅行定在荷兰。"听到这些话，艾莉丝立刻就安静了，她两眼放光地看着父亲，反问道："您说的是真的吗？"父亲给予了肯定的答案。然后，艾莉丝就向哥哥姐姐道了歉，收拾好自己的碗筷，规规矩矩地开始吃饭。

面对艾莉丝这样的反应，霍德森先生很是满意，他继续以荷兰诱惑着艾莉丝，而艾莉丝在这样的诱惑面前也一直坚持乖乖吃饭。看到女儿的变化，霍德森先生很是高兴。转眼间，暑假就到了，艾莉丝一直记着父亲承诺的荷兰之旅。但是，父亲好像忘记了这件事情，在暑假开始的第二周，父亲开始与家人商量这次假期旅行的目的地。

面对这样的情景，艾莉丝忍不住要求父亲兑现承诺。没想到，父亲却为难地对艾莉丝说："最近公司忙，没有太多的假期去远的地方，只能在离家近的地方选择一处好的景点。"

艾莉丝才不会理会这些，她只知道父亲不会带她去荷兰了。于是，她开始哭闹，事事都跟父亲作对，使得霍德森先生很是苦恼。

终于有一天，在艾莉丝哭闹的时候，霍德森先生忍不住发怒了——他打了艾莉丝。这让艾莉丝非常伤心，而且从那以后，她再也不相信父母的话了，甚至还在上学以后，变成了一个经常说谎的孩子。

后来，艾莉丝的老师找到霍德森先生，一起分析艾莉丝爱说谎的原因，这时，霍德森先生才想起艾莉丝小时候的这件事，并为此后悔不已。

其实，这样的事情在生活中很常见——父母都习惯于用利益来诱惑孩子听话，但是到头来这些利益通常都是不会实现的。而长此以往，孩子就会觉得这是一种正确的处世态度，他们也会模仿父母的行为，以后也会成为一个善于说谎、言而无信的人。此外，父母的这种行为

还会让孩子越来越不信任父母，一旦家长在孩子心中失去了威信，会让孩子越来越不听家长的话，从而导致孩子难以管教。所以，父母对孩子承诺的事情一定要办到。

当家长不能履行承诺的时候，应该向孩子主动承认错误，并把自己的难处跟孩子讲清楚。美国心理学家罗达·邓尼说过："父母向孩子道歉会帮孩子建立自尊心，并且养成尊重别人的好习惯。"孩子虽然年纪小，但他们对父母承诺的事情，通常会记得很清楚。所以家长向孩子承诺过的事情一定要做到，做不到的事情就不要承诺。父母是孩子的第一任老师，更是孩子模仿的对象，父母的言行举止无不影响着孩子的性格发展。所以，父母若不想自己的孩子习惯于撒谎，就不要经常给孩子开"空头支票"。

> > > 6. 别让孩子的未来"伤"在坏习惯上

在生活中,各种各样琐碎的事物都会让孩子产生厌烦、抵触的情绪。面对这种情况,家长要想办法寻找解决之道,否则,孩子会因此而形成坏习惯。

虽然每一个孩子刚出生的时候都是一样的,但是后来却有人成为了科学家,有人成为了乞丐……这不仅与孩子的家庭环境有关系,更与孩子受教育的程度有很大的关系。家长都知道坏习惯会毁掉孩子的未来,但是往往在不知不觉中就养成了孩子的坏习惯。

阿尔伯特·爱因斯坦是著名的物理学家,现代物理的开创者,他小的时候却非常贪玩。对此,他的母亲感到很担心——爱因斯坦的贪玩似乎已经成为了习惯,每天都是固定的时间出去找朋友玩,晚上没人来找就一定不回家。即便母亲经常教导他要多学习,不应该总是想着玩,但是,这些话对他来说一点作用都没有。而父亲对于爱因斯坦这样的表现从以前置之不理渐渐到了忧心忡忡——本来他觉得孩子小时候贪玩一点很正常,长大以后就好了;但是,爱因斯坦渐渐地长大了,而他贪玩的性子却一点都没变,反而更加严重了。父亲发现,爱因斯坦总是以自己的那群朋友全都一样贪玩作为自己一直贪玩的理由。

有一天,父亲见到刚刚从外面回来的爱因斯坦,便把他叫住,说要告诉他一件事。父亲说:"昨天我跟公司的杰克大叔去打扫厂子里的烟囱,而要想到达那个烟囱面前,我们必须要经过一个钢筋的梯子才行。梯子很窄,我跟杰克只能一前一后地上梯子。上去的时候,杰克在前面,我在后面，我们紧抓着扶手，小心翼翼地往上爬。在爬上去之后，我们开始清理烟囱。"

"当烟囱清理完，我发现杰克的身上、脸上都蹭黑了。于是，我便认为自己身上也应该是这样脏的，便到河边去清洗了。到了河边我才知道原来我身上根本就没有烟灰。而杰克看到我身上很干净，便认为自己身上也应该是同样干净的，于是没有洗脸就去了街上。"

"街上的人看到杰克一副脏今今的模样都笑了，以为杰克是个疯子，这让杰克很是不解。直到他在一面镜子前看到自己的模样时才恍然大悟。"

爱因斯坦听完以后也笑了，但父亲却严肃地对爱因斯坦说："其实，别人不能做你的镜子，这样看到的不是你真实的自己。"

听到父亲这样说，爱因斯坦很是惭愧。他觉得父亲说得对，他已经养成以别人为镜子的习惯了，总是在不知不觉地看着别人，来调整自己的前进方向，好像已经开始认不清楚自己了。于是，爱因斯坦痛下决心，离开了那群贪玩的朋友，开始用心地学习，最后成为了一名伟大的物理学家。

其实，现实中很多孩子都有这样或者那样的坏习惯。可以说，坏习惯就像一种疾病，一旦发作，很难改正，而且也不是每一个孩子都能轻易改掉坏习惯的。所以，家长与其等坏习惯形成后再费尽心思地去帮孩子改，还不如在孩子的坏习惯还没有形成的时候，就把它扼杀在摇篮里。而这就要求家长知道致使孩子形成坏习惯的以下两个原因：

（1）模仿成人的行为。

孩子的模仿能力很强，并且在幼儿时期，父母在孩子心里就是神，对于父母说的话、做的事，孩子都会无条件地信任、接受和模仿，甚至他们会模仿成人的作息时间、办事方式。所以，成人在日常生活中要给孩子做好榜样，不要用自己的坏习惯去影响孩子。

（2）父母的溺爱。

可以说，孩子的很多坏习惯都是因为父母的溺爱而产生的。所以，当孩子第一次出现不良行为时，家长就要正确地告诉孩子是非，要让孩子意识到这种行为是不对的，不然就会形成坏习惯，以后就很难再改正了。

坏习惯会让孩子走很多的弯路，甚至还会走上不归路，所以父母对于孩子偶然发生的不良行为不要视而不见——这样会让孩子觉得这种行为并没有错，久而久之，孩子就会形成坏习惯。

一般而言，父母要光了解孩子不良习惯的成因，然后从改正自己的不良习惯开始，为孩子做榜样，才能让孩子远离坏习惯。那么，当面对孩子的坏习惯，父母应该怎样做呢？

发现孩子有坏习惯了，父母不要紧张——坏习惯在孩子成长中是不可避免的。而坏习惯不是朝夕间就能改正的，父母要慢慢引导孩子改正坏习惯，可以从以下几点入手：

（1）对孩子要宽容。

有些父母在面对孩子的坏习惯时，非打即骂。其实，这样不仅不能帮助孩子改正坏习惯，还会让孩子产生抵触心理，甚至养成其他的坏习惯。所以，对于孩子的坏习惯，父母应该保持宽容的态度，耐心地告诉孩子他的错误出在哪里，鼓励他改正。

（2）要用榜样作用引导孩子。

榜样的力量是无穷的，家长在面对孩子的坏习惯时，不妨为孩子找一个榜样人物。榜样人物可以是生活中的亲人，也可以是名人、伟人。而平时，家长可以经常用名人故事引导孩子，让孩子向名人学习，这样一来，孩子慢慢就会改正自己的坏习惯。

（3）与孩子关系融洽。

如果家长想要帮助孩子改正坏习惯，就要与孩子进行良好的配合；而要想让孩子很好地配合，就要与孩子关系融洽。在大多数父母心中，自己与孩子的关系都是不平等的——他们认为孩子就应该听自己的，孩

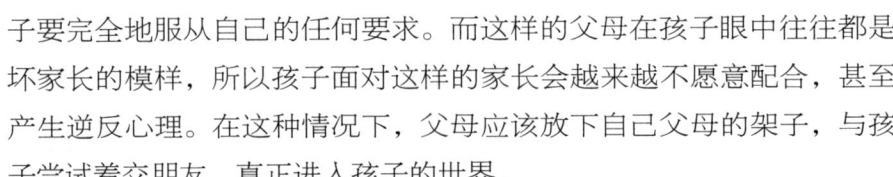

子要完全地服从自己的任何要求。而这样的父母在孩子眼中往往都是坏家长的模样，所以孩子面对这样的家长会越来越不愿意配合，甚至产生逆反心理。在这种情况下，父母应该放下自己父母的架子，与孩子尝试着交朋友，真正进入孩子的世界。

（4）了解孩子的真实想法。

父母会习惯性地对孩子的生活作出安排，并要求孩子无条件地服从。但是，父母有没有想过，孩子在面对这样的安排时是什么样的感受？也许孩子在你让他去睡觉的时候还不困，因此想看一会儿电视，而你却一定要让他去睡觉。这时候，孩子就会反抗，甚至会哭闹，而父母会把孩子这样的行为一律归为无理取闹，要么不理不睬，要么就是打骂。其实，父母不妨在孩子反抗的时候听听孩子的意见，了解孩子的想法，往往这样才能很好地规范孩子的行为。

家长要知道，孩子的坏习惯不是一天两天形成的，因此，在帮助孩子改正坏习惯的时候，不要操之过急，要有耐心，多给孩子一些时间。只要孩子坚持在改正，总有一天，孩子会完全摒弃对自己产生不良影响的坏习惯的。

> > > 7. 培养孩子的时间观：别感叹时间都去哪里了

爱因斯坦说："人与人之间的最大差别在于如何安排时间。"世界上的每一个人在出生的时候，都会得到一份平等的礼物，这个礼物就是时间。虽然在时间面前，人人平等，但是一个人以后是否能取得成功，就要看他如何利用时间了。

三个 20 岁的年轻人去银行贷款，银行同意贷给他们每个人一笔巨款，但是所有人必须在 50 年内还清。

第一个年轻人得到贷款后，先玩了 25 年，然后在剩下的 25 年间努力工作来还债，所以他到了 70 岁依旧是一事无成，还负债累累；第二个年轻人用前 25 年努力工作，在 45 岁的时候还清了贷款，但是没过多久他就病倒了，不久后就去世了；第三个年轻人用前四十年工作，在自己 60 岁的时候还清了所有的债务，在随后的 10 年里，他变身为一名旅游家，游历了很多国家，在临终前依旧面带微笑。

第一个年轻人的名字叫"懒惰"，第二个年轻人的名字叫"狂热"，第三个年轻人的名字叫"从容"，他们贷款的银行叫做"时间银行"。

这个故事告诉我们，只有合理地安排时间，一个人才能让自己的生活更美好。现在越来越多的父母认识到，让孩子养成合理安排时间的习惯是一件很有必要的事情。这个习惯其实在孩子上小学的时候，就需要家长去有意识地培养。因为在上小学的时候，孩子就已经有了淡薄的时间观念，也正因为时间观念的淡薄，父母才要帮助孩子合理地安排时间，让孩子养成守时的好习惯。

曾经有一位年轻人在生活中遇到了困难，他向著名的教育家本杰明求助，于是本杰明邀请他来自己的家里。当年轻人敲开本杰明家的门时，透过门缝，他看到本杰明家里很乱。

本杰明说："不好意思，我家有点乱，麻烦你在门外等我一分钟。"随后关上了门。

一分钟以后，年轻人被请进了屋里，他发现原本杂乱无章的房间已经变得干干净净了。

本杰明请年轻人进屋以后，拿起红酒递给年轻人，说："干杯。"并且喝掉了杯子里的红酒。年轻人与本杰明碰杯以后，也学着本杰明的样子喝掉了杯子里的酒。然后，本杰明接过年轻人手中的酒杯，对年轻人说："你先坐下，等我一分钟。"然后，他转身进了厨房。

一分钟以后，本杰明端着散发着香味的茶走出了厨房，放在桌子上，请年轻人喝茶。

年轻人喝完一杯茶以后，刚想说出自己的问题，本杰明便对他说："你可以走了。"

年轻人愣住了，他感到既尴尬又疑惑，于是问道："可是，我还没向您请教呢？"

本杰明笑了笑，说："你又浪费了我一分钟。"

听见本杰明这样说，再回想自己来到本杰明家以后本杰明的一系列反应，年轻人若有所思。过了一会儿，他说："我懂了，您是想告诉我一分钟可以做很多的事情。"

很多人都认为一分钟很短，什么都做不了，但是，时间不就是由很多的一分钟堆积起来的吗？在现实生活中，父母都知道要培养孩子合理的作息时间，因此，给孩子规定了什么时间写作业，什么时间玩游戏。但是，孩子往往在写作业的时候东张西望，心不在焉。一会儿要喝水，一会儿要上厕所。所以，常常 30 分钟就能完成的作业，他拖拖拉拉地要写两个小时，甚至只要父母不催促，孩子就很难做到按时行动。

要想让孩子养成合理安排时间的习惯，父母就要让孩子知道时间是自己的，要让孩子学会管理时间。很多孩子早上起床的时候都是由父母叫醒的，每次都是千催万催。当孩子早上睡过了，迟到了，往往会把这种责任推给自己的父母，不去反思自己的过错。这样不仅不能形成良好的习惯，还会让孩子养成依赖的习惯。那么，父母具体应该怎样培养孩子合理利用时间的习惯呢？

（1）让孩子知道时间的价值。

也就是说，家长要让孩子知道时间的宝贵，可以用一些名人故事来间接告诉孩子时间是多么宝贵。

（2）为孩子制定学习计划。

面对时间，有些孩子总是觉得时间很不够用，因为学习的科目多，数学、语文、英语等样样都会留作业；而有些孩子却觉得时间很充裕，竟然不知道自己该做什么。其实，这两种情况都是因为孩子没有合理地安排时间。孩子的时间意识淡薄，作为家长有责任指引孩子正确地安排时间。所以，家长有必要帮孩子制定一个合理的学习计划，以便让孩子慢慢地学习合理安排时间。

当孩子知道了珍惜时间，他就会自发地利用好每一分钟，从而提高学习的效率。虽然合理安排时间的好习惯是人们一生的财富，但是这种习惯不是一朝一夕就能养成的。这就需要父母在培养孩子的时候有耐心、有恒心——只要持之以恒，相信孩子会养成合理安排时间的好习惯的。

第五章

在表扬的过程中，
让孩子看到自己的与众不同

　　教育儿童通过周围世界的美，人的关系的美看到精神的高尚、善良和诚实，并以此为基础在自己身上确立美的品质。

——苏霍姆林斯基

　　教育不能创造什么，但它能启发儿童的创造力以从事于创造工作。

——陶行知

　　家庭是父亲的王国，母亲的世界，儿童的乐园。

——爱默生

　　每一个决心献身教育的人，都应当容忍儿童的弱点。

——苏霍姆林斯基

>>> *1.* 鼓励与赞美能使聪明的孩子更聪明

　　每个人都希望得到表扬，特别是孩子们，他们特别渴望得到家长和老师的表扬。表扬会调动孩子学习的积极性，能使孩子更加健康地发展，同时也能使孩子更加自信、勇敢。俗话说"良言一句三冬暖"，家长和老师在看到孩子进步时，要给予孩子一些表扬，使孩子内心感到温暖的同时，也能让孩子健康地成长。

　　森林学堂里，一个扫把静静地斜放在教室门口。早晨，小动物们陆陆续续地来上课，小狗一脚踩在扫把上，差点被绊倒，他愤怒地踢了扫把一脚，然后到自己的座位上坐下。接着，陆续有几个学生从扫把前走过，但他们都对躺在走道里的扫把视若无睹。

　　这时，一只向来淘气的小兔子蹦蹦跳跳地来到教室，看见倒在地上的扫把便弯下腰把它扶正，正要往座位上走时，小兔子又似乎想到了什么，回过身拿起扫把放在了门后，原来小兔子是怕扫把再倒下，绊倒别人。

　　一直躲在暗处观察学生们的山羊老师，不禁在心里赞叹："多好的孩子啊！"等到上课铃声一响，山羊老师出现在教室，他在讲台上微笑着说："现在，我要表扬小兔子。"

　　其他学生在下面嘀咕道："为什么要表扬她，早上我可没见他做什么好事。"

　　山羊老师指着门后的扫把说："孩子们，小兔子从门口经过的时候，小心地把扫把放起来，怕绊倒同学，难道不值得表扬吗？"此时，教室里响起了热烈的掌声。当同学们热切的目光投注在小兔子身上时，山羊老师看到了小兔子眼里的自豪。从此，森林学堂的学生们都变得更加喜欢乐于助人了。

有一次，小羊因为吃了有毒的蘑菇，突然在课堂上呕吐起来，一时间整个课堂的地面都变得又脏又臭。这时，小猫站起来说："老师，我帮小羊擦干净。"山羊老师立即表扬了小猫。

不一会儿，小狗到操场上拿来一些土，盖在呕吐物上；小兔子拿来干净的水，让小羊漱口；小猴子拿起扫把扫地……很快，森林学堂就变得干净起来。

如果说上次小兔子的举动是无意识的举动，那么这次其他小动物的助人行为就是有意为之。这主要是因为，山羊老师在恰当的时机，表扬了小兔子，成功地让其他小动物产生了竞争心。试想一下，如果山羊老师看到小兔子的行为后，私下表扬，那么表扬的效果还会如此显著吗？在所有小动物面前表扬小兔子，其他小动物就会想"我也要得到老师的表扬"，如此一来，就能带动其他小动物努力竞争的热情。

在日常生活中，很多家长和老师都对表扬孩子表现得非常吝啬。即使孩子做得很棒，也不会过多对孩子进行表扬。也许是担心孩子受到表扬，变得骄傲自满。其实，这样会让孩子认为，家长和老师根本不在意自己的努力，甚至会产生"既然家长和老师都不在意自己的努力，那么努力就没有必要了"的想法。如果对孩子的良好行为不进行表扬，不仅会打击孩子的积极性，降低孩子学习的效率，甚至会对孩子身心健康的全面发展造成不良的影响。因此，家长和老师不要吝啬表扬，要试着去发现孩子的发光点，用"表扬"去唤醒孩子那颗沉睡的上进心和积极心。长此以往，足够细心的家长和老师，就能够发现孩子的进步，还会发现孩子在不断努力地成长着。

由此可见，孩子非常需要家长和老师的表扬。对此，家长和老师应从孩子的实际成长发展出发，对他们加以表扬。孩子受到表扬后，

家长和老师往往就可以发现，他们学习的热情和探索的积极性明显有所提高。可以说，有意识地表扬孩子，对孩子养成良好的学习行为有着很重大的意义和推动力。

在现实社会中，由于生活条件普遍提高，家长对孩子过分溺爱，进而导致了部分孩子动手能力和生存能力极差。因此，老师在活动课上，应带着学生进行一些简单的劳动。比如整理教室，擦玻璃和桌椅，为学校的花坛除草等，以培养孩子的动手能力。此外，老师还可以布置一些"帮妈妈洗菜、洗碗、洗衣服"的作业，增强孩子的生活能力。在日常劳动中，看到孩子不怕脏、不怕累的优良表现，要及时给予表扬；而看到孩子有躲避劳动的倾向，则要鼓励、引导孩子参加劳动。

表扬和鼓励孩子，不一定只是在语言上表现出来，家长和老师充满信任的目光，鼓励的眼神，亲切喜悦的笑脸，都能带给孩子无限的力量。因为孩子们可以从家长和老师的表情中知道，自己这样做是否正确，自己是否进步了，此后，他还会想办法让家长和老师对自己刮目相看。如此一来，家长和老师再给孩子定一些目标和学习计划时，孩子就会在鼓励和表扬的声音中一步步向前迈进，攀登智慧的高峰，进而走向成功。总之，孩子全面素质的发展是和表扬是分不开的。

> > > 2. 孩子也需要一个倾听者

当一个家长谈论到自己的孩子的时候，他往往会依照自己日常生活中看到的孩子的表现，说出孩子的性格行为特征。虽然许多家长自认为"知女莫若母""知子莫若父"，但其实这样的父母恰恰是最不了解孩子的。所以，家长永远不要以为自己是孩子的家长，自己做的任何事情的出发点都是为孩子好，就代替孩子做任何决定。孩子在家长面前，虽然辈分低，年龄小，但他们的心灵一点儿也不卑微，在他们成长的过程中，他们也很希望得到家长的理解。因此，家长们应该倾听孩子的心声，走进孩子的内心世界，从真正意义上了解孩子，而不是停留在表面意义上的"了解"。

猫妈妈的喉咙上长了一个脓包，松鼠医生警告它："如果不想失去声音，你至少十天内不能说话。"

这天，小猫放学回家，刚进门就向猫妈妈嚷嚷："妈妈，森林学校的山羊老师坏死了，我再也不要去学校了。"平时，如果猫妈妈听到孩子说出同样的话，一定会严厉地责备她，并让她检讨自己。但是这一次，猫妈妈因为喉咙不能说话的关系，只能无声地听小猫大吐苦水。

生气的小猫趴在猫妈妈的膝盖上，伤心地哭泣道："妈妈，今天山羊老师布置了一篇作文，我写错了一个字，山羊老师就当着同学们的面批评了我，小兔子还嘲笑我，他们都笑话我，好丢面子。"

猫妈妈依旧无法说话，她把伤心地小猫搂进怀里，轻轻地拍了拍她的背，安慰她。小猫发泄完了之后，猫妈妈用手帕为小猫擦干眼泪，

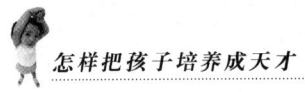

小猫从猫妈妈的怀里站了起来，冷静地说："妈妈，谢谢您听我说这些，我要去公园玩了，同学们在那里等我呢，如果我不去，他们肯定会以为我小气。"因为一个特殊的机会，猫妈妈了解了"沉默"的重要意义，而且直到此刻，她才发现，原来自己以前根本不了解自己的孩子。

家长作为孩子的父母，孩子的第一任老师，最主要的责任和工作就是帮助和引导孩子健康、快乐地成长，但如果不了解孩子的内心世界，这一切就都无从谈起。不了解孩子的真实想法，就不能全面地教育和帮助孩子，也就不能达到影响和教育的效果。事实上，无论家长自认为对孩子有多了解，孩子总会有让他们意想不到的地方。在日常生活中，如果家长们稍微"沉默"一下，认真听一听孩子内心的声音，就能发现孩子的另外一些情况。所以，家长应该给孩子倾诉的机会，让他们说出自己真实的想法。要知道，即使是成人，在日常生活中也会遇到很多压力，如果孩子的压力得不到宣泄，那么他们就难免会产生"心病"。

有的父母每天接送孩子上学，这逐渐成为了一些家长们的习惯，然而有一天，孩子突然对你说："爸妈，今天不用送我了，我自己骑车去上学。"如果家长不放心孩子，坚持接送，孩子可能还会生气地说："我又不是小孩子了，我已经十几岁了，想和同学一起去学校。"很多时候，还有些父母会突然在某天发现，自己的孩子爱打扮了，看到异性就会害羞、脸红，而在与自己沟通时，一些想法也总能令自己大吃一惊。父母似乎还未意识到自己的孩子竟然已经到了青春期，因为他们感觉孩子咿呀学语的时光，仿佛还是昨天的事。在这种情况下，家长们感觉孩子的变化是一瞬间的事，所以他们对孩子的一些变化会感到诧异。

其实，孩子并不是变了，而是成长了，而家长对孩子的变化感到惊异，也说明家长并不了解孩子的内心，不知道孩子成长到了哪一个阶段。这时，家长们就要做一下自我检讨了。家长了解孩子是成功教育的前提条件，那么作为家长，你对自己的孩子有多了解呢？可以根据下面一套题目看一看自己是否真正地了解自己的孩子：

（1）孩子最崇拜的人是谁？

（2）孩子最害怕什么？

（3）孩子的兴趣爱好是什么？

（4）孩子最喜欢哪门功课，最讨厌哪门功课？

（5）孩子最喜欢看什么类型的电视节目，最喜欢听什么类型的音乐？

（6）如果你准备送孩子一件东西，你觉得他会喜欢什么？

（7）什么事情最让孩子无法忍受？

（8）孩子有什么理想，长大后想成为什么样的人？

（9）孩子的梦想是什么？

（10）孩子会经常发火或经常很快乐吗？

（11）孩子最讨厌做的家务是什么？

（12）孩子睡觉前会做些什么？

（13）孩子最讨厌吃什么？

（14）孩子喜欢饭前、饭后还是睡觉前做功课呢？

（15）什么东西是孩子最珍视的？

（16）孩子最喜欢什么动物？

（17）孩子对别人的评价很在意吗？

（18）孩子最喜欢什么活动或运动？

（19）孩子会如何度过周末？

（20）孩子有绰号吗？他是否喜欢这个绰号？

>>> 3. 家长在教育孩子时，切记不可盲目、激进

表扬和批评的目的是给孩子指引发展的方向，而不是给孩子定性发展方向，父母要有一个良好的态度指引孩子靠近正确的发展方向。很多时候，家长诚恳地就事论事比武断地给孩子贴上对错的标签更有效。所以，父母不要只注意孩子的行为对错，更应该注意孩子行为背后的动机，做好"帮助者"的角色，使孩子的身心得以健康成长。

从前有一位国王，他行事非常武断，有人做错了事，他就下令砍头，从不考虑别人出错的原因；有人做事让他满意，他就直接给予金钱的嘉奖。

丞相是个明理的人，他希望能改掉国王惩罚和褒奖臣民的这种不良行为，于是就精心设计了一次出访。

国王微服出访的时候，路过一片农田，他看到农夫驾着两头牛在地里耕田，但是左边的牛比右边的牛走得慢很多，于是国王对丞相说："这个农夫真是傻，应该把那头不卖力工作的牛杀掉才对。"

丞相回答道："尊敬的陛下，您应该问一下农夫的意见，看他是否也这样认为，这样您的子民才会更崇敬您。"

国王听了丞相的话，觉得很有道理，于是问农夫："你认为两头牛，哪一头工作更卖力？"

农夫看着他，一言不发。等到耕完地，牛去一旁喝水、休息时，农夫才附在国王耳边，小声地说："实话告诉您吧，左边那只牛比较卖力。"

国王很奇怪地说："你为什么如此小声地说话？我看左边那只牛走得很慢，没有右边那只牛卖力。"

农夫说："牛虽然是畜类，但它们也是有生命的动物，它们也是很敏感的，如果我要大声地说哪只牛更卖力，那么另一只一定会伤心的。更何况，左边那只牛昨天耕地时脚受伤了，所以才会走得慢，我不能因为它受伤了就否认它的劳动力。"国王听后，非常惊讶，他再仔细看左边那只牛，的确发现它走路的样子有些吃力、颠簸。此刻，国王才明白丞相的用心，原来，看事情是不能只看表面的，事物的背后也有一些原因需要自己去发现。

在日常生活中，家长在运用表扬和批评时，要讲究方法，注重效果。这就要求家长掌握表扬和批评的"三八线"，达到两者相辅相成的境地，从正反两个方面看待孩子的行为，引导孩子进步。如果只表扬不批评或是只批评而不表扬，都有可能导致孩子误入歧途。孩子的心理世界是丰富多彩的，只是，家长有时候并不能认同和采纳孩子的观点和想法。所以，一些家长会像故事中的国王一样，总喜欢用自己看待事物的角度和目光来推测孩子对这个世界的想法，揣摩孩子的行为动机，并且对孩子的行为做出主观的判断，甚至直接给孩子的行为下结论，批评孩子的对错。要知道，这样只会影响孩子身心的健康成长。

教育专家玛丽亚·蒙台梭利在针对"家庭教育方式"中曾提到：教育要讲究方式和方法，家长在教育孩子时，应懂得换位思考，不要只运用自己的逻辑观点来看待孩子的行为，否则，只会产生反效果。由此可见，家长在教育孩子的时候，应当掌握一些方法，表扬和批评都要有分寸，不能总是把自己的观点和思想投注在孩子的身上，或迫使孩子接受，不能不了解事情的实际情况就武断地对孩子的行为判定对错。因为有时候家长的逻辑观点并不一定就是正确的，成人的逻辑也并不一定适合套用在孩子的身上。一般来说，家长应留心以下几点：

第一，家长在对孩子进行表扬和批评教育时，不要急于判断孩子

行为的对错，更不能直接对孩子进行批评，要从实际情况出发，了解孩子的行为原因。在对一些自尊心比较强的孩子进行批评教育时，最好单独进行，不要在别人面前批评教育孩子，这样会伤害孩子幼小的心灵。要知道，孩子的自尊心有时候比成人还要强烈。因此，家长在批评和表扬孩子时，应多留意孩子的行为细节，以避免给孩子幼小的心灵留下阴影。

第二，家长在教育孩子的时候，应采用循循诱导的方式，不能仅仅为了表扬而表扬，批评而批评。并且，在批评教育孩子时，态度不要太过咄咄逼人，要和蔼温柔，因为强势的态度会令孩子产生逆反心理。其实，教育的目的就是让孩子明辨是非，了解自己行为的错处或错误的原因，因此，家长不要过分强调孩子的对错，应该把重心放在让孩子改正错误、认识错误、了解错误上。

第三，家长在教育孩子时，切记不可盲目、激进。在教育孩子之前，先谈论一下孩子的优点，再慢慢向缺点迈进。这样一来，孩子才不会产生反抗情绪，对家长的说服教育也能真正地听到心里。可以说，家长只有真正地走进孩子们的内心世界，才能让孩子对家长心悦诚服，也才能获得孩子的信任和尊重。每个孩子就像一块未经雕琢的璞玉，身上留有瑕疵在所难免，毕竟人无完人，每个人都有自身的缺点。因此，家长作为孩子的第一任"老师"，要做好"引导者"和"启蒙者"的角色，掌握好表扬与批评的"三八线"，培养孩子明辨是非的能力。

>>> 4. 学会赏识你的孩子：
让每个孩子都有无限可能

追求至善至美是人类的天性，而得到别人认可、实现自我能力则是每个人都拥有的本能。争强好胜是每个孩子普遍的心理特征，他们渴望成功，希望自己比别人强，希望得到家长和老师的赏识，得到同学和朋友的认可。可以说，正是因为孩子们拥有这些心理特征，他们才能获得不断努力发展的动力。

具有成就感的孩子能够从容地面对学习，相信自己能够通过自身的努力获得成功，所以对生活和学习会很热情，而这样的孩子往往更能体会成功的艰辛。

但如果是一个缺乏成就感的孩子，他就会常常缺乏对生活的热情，在困难面前容易退缩，甚至自卑、懦弱。即使偶尔成功，他也会认为，那只是一时运气好而已，而不是自己的努力得到的结果。所以，缺乏成就感的孩子意志比较消沉，对生活和学习中遇到的磨难会有些束手无策。

奥古斯特·罗丹是法国19世纪和20世纪初著名的雕刻艺术家，在欧洲雕塑史上有着巨大的影响力。他出生在一个贫苦基督教家庭，父母都是平民出身。罗丹从小就酷爱艺术，在罗丹5岁的时候，父亲送他到教会上学，但他对宗教方面的书提不起任何兴趣，他非常喜欢画画，以至于对学习根本不上心，所以他的学习成绩很差。

罗丹的母亲除了照顾罗丹和他的父亲之外，还会出去捡些东西来卖。罗丹经常把母亲捡回来的废纸弄平，然后在上面画画。一次，罗丹的母亲捡回来一堆废纸，罗丹又找出一些纸弄平画画。父亲回到家时，看到认真画画的罗丹，生气地说："怪不得你成绩这么差，原来你整天就在玩这些！"父亲狠狠地修理了罗丹一顿，并让他做出书面保证，以后不再画画，专心学习。

从此，罗丹虽然在家里不敢明目张胆地画画了，但不在家里时，无论他走到哪儿，都会画上几笔，有时是在路边的墙壁上，有时是在地上……虽然他一直坚持着自己的兴趣爱好，但从未被人赞美过，这难免让他感觉有些失落。一天，姐姐玛丽收拾罗丹的房间时，在枕头底下发现了一张罗丹晚上偷偷画的画，罗丹紧张地看着姐姐玛丽，怕她向父母告状，但玛丽却对罗丹说："天啊，这真的是你画的吗？画得真是太好了，你要继续努力啊！"罗丹听了姐姐的话，认真地点了点头，他突然感觉自己似乎成功了，因为终于有人夸奖他的画了，因此，他更加努力地练习画画，努力提高自己的水平。

父亲见罗丹的成绩一直没有起色，而他的画画水平却让老师们感到震惊，于是失望的父亲只好把罗丹送到巴黎美术工艺学校，由姐姐玛丽用自己打工挣来的钱，供给罗丹食宿的费用。在姐姐的支持下，罗丹成功毕业，并取得了令人钦佩的好成绩。罗丹曾多次向自己的学生马约尔和布德尔说："是玛丽姐姐满足了我的成就感，如果不是她，我想我很难坚持到最后。"

在现实生活中，有些家长就像罗丹的父亲一样，看到孩子对一些课外的兴趣太过上心时，就会大声斥责孩子，责备孩子在无聊的事情上浪费时间，甚至阻止孩子拥有自己的个人爱好，毫不考虑这种行为是否会伤害到孩子的心理健康。其实，无论是针对孩子的兴趣爱好，还是学习情况，如果家长能够像罗丹的姐姐那样，适当满足一下孩子的成就感，让他在以后的学习或兴趣爱好中获得更多的快乐和行动力，这不仅有助于孩子提高学习效率，还能让孩子有一个愉快的学习心情。对孩子来说，他们的自我概念还处在建立和发展时期，不能像成人一样能够正确地看待自身和所进行的事物，只能通过别人的赞美和批评，去考虑是要停止，还是要继续前进；考虑自己做得正确，还是错误。也就是说，他们对自我的认识还不够完善和稳定。

同样，如果父母表扬孩子懂事，或老师夸孩子是个听话、认真的学生，那么孩子就会在以后的学习和做事时更有信心；如果父母总是批评孩子，老师总是说孩子淘气，那么他们在以后的学习和活动中，就会缺少积极性，丧失自信心和成就感。从教育的意义上来讲，赏识孩子和积极客观地评价孩子，是满足孩子成就感，提高孩子积极性和主动性的唯一通道。

因此，家长和老师要做一个"有心人"，发自内心地欣赏孩子的每一个小进步，并给予适当的表扬。也就是说，在日常学习生活中，家长和老师要细心地观察孩子学习过程中的进步，并作出一些表扬（可以是一个鼓励的眼神或一句赞扬的话语）。如果家长和老师在日常生活中没有观察孩子的习惯，则应当努力形成这种习惯，因为很多孩子在学习上出现问题，就是因为家长和老师没有及时地发现问题，而造成了孩子最终成绩下降的结果。

另外，懂得赏识孩子，满足孩子的成就感，也是一种精神概念。对此，教育专家玛丽亚·蒙台梭利曾做过有效的说明：孩子的成就感，并不能用物质奖励进行满足，因为物质的奖励只适合增进孩子与家长之间的感情，比如生日礼物、节日礼物等。从良好的教育方式上来讲，家长最好不要对孩子进行过多的物质奖励，因为物质奖励与孩子的成就感没有必然的关系，甚至会转移或减弱孩子的成就感。因此，家长和老师在对孩子进行表扬时，应当用客观、科学的态度评定孩子的成就，给他们精神上的营养与食粮，注意孩子学习的过程，淡化成绩和分数的意识。因为，孩子在迈向成功的过程中是一直快乐着的，而最后的结果却只是一瞬间的事。所以，家长和老师应该看重孩子努力的过程，并对孩子的努力给予认可和肯定。

　　在日常生活学习中，家长和老师可以让孩子做一些力所能及的事情，这样不仅能锻炼孩子，还能让孩子在行动中体会凭借自己的能力获得成就感。如此一来，就能树立孩子良好的自信心，孩子的成就感也能得到极大的满足。

> > > 5. 让孩子知道自己本身存在的优点，
让其形成积极的心理优势

美国心理学家威廉·詹姆斯曾说过："每个人都会深切地渴望得到他人的赏识，这就是人性。"家长要及时肯定孩子优秀的品质，让孩子知道自己在哪些方面比别人更突出，更优秀，更聪明，培养孩子的自我认同感和自信心，建立起孩子良好的自尊心。

美国教育学家约翰·布鲁埃尔曾认为，儿童形成健康的心理和人格需要积极的认同感。认同感源自美国"清教文化"，早在 17 世纪初期，清教徒认为，自己是上帝的选民，他们相信自己是这个世界上最优秀的人，死后会回到天堂，并为上帝服务，所以他们认为自己的优秀是必然的。"清教文化"是美国主流文化的起源，从历史意义上来讲，这也是美国式个人主义追求成功的精神源头，这也造成了美国人普遍有这种无与伦比的自信——认为自己是聪明的，只要努力一切皆有可能。这是一种强烈的自我认同感，认同自己比别人更强。

一只小蚊子问母亲："我们这么小，任何动物都能杀死我们，而我们对别的动物却没有任何威慑力。"

蚊子母亲说："不，我的孩子，不要小看了自身的力量，我们会吸血，只要你开动脑筋，你会比别的动物更强，甚至能战胜它们。"

这天，小蚊子碰到了一只狮子，狮子轻蔑地说："世界上怎么会存在这种动物，弱小得可怜，即使是吃奶的孩子，也能杀死你们。"

小蚊子愤怒地飞到狮子面前说："我不怕你，你以为你的力量会比蚊子强多少呢？"

狮子生气地一吼，吓得看热闹的小动物全身颤抖，它凶狠地对小蚊子说："我要用我锋利的爪子撕开你的肚皮。"

小蚊子不以为然："只是这些招数，对我而言根本没什么了不起的。我比你厉害得多，即使没有爪子，我也能打败你。"

狮子嘲笑道："自不量力的家伙，那我们就比试一下吧，看谁最厉害。"

小蚊子回答道："比就比，你以为我会怕你吗？"

小蚊子想：狮子身上到处都是毛，不好下口，而它的鼻子没有毛，那我就专门攻击那里好了。选定目标后，小蚊子吹着喇叭冲了上去，专咬狮子鼻子上没有毛的地方。狮子痒得用锋利的爪子把自己的脸都抓破了，最终要求蚊子停止进攻。

小蚊子战胜了狮子，吹着喇叭，唱着欢快的歌，飞回了家，她对母亲说："妈妈，我战胜了一只强大的动物。"

蚊子母亲欣慰地说："那是因为我的宝贝比别人聪明啊，以后也要更加努力才行,善于动脑才是决定胜负的关键。"小蚊子认真地点了点头。

这个故事告诉人们，只要自我认同感强烈，相信自己可以成功，就能击败比自己强大的人。在现实生活中，有的家长可能会担心，让孩子认为自己比别人聪明，他就会变得骄傲自满，如此一来，小小年纪就会目中无人，那样岂不是害了孩子的一生？这种担心并不是没有道理，但是让孩子充满自信心和自大是不同的，让孩子懂得谦虚并不是说就必须打压孩子的自信心，任何事情如果做得太过都会产生负面效应。如果家长总是责备孩子，说孩子笨，并拿他与其他小孩相比来刺激孩子，还自认为是为了激励孩子，那么，这种激励方式就很容易使孩子产生自卑心理。

其实，不论采取何种教育方式，家长的出发点都是为了孩子好，但教育孩子要讲究科学的方式和方法。如果总是说孩子不如别人，无形中就会压抑孩子的自信心，打击孩子的积极性。即使孩子通过自己的努力超越了别人，他可能也会认为，自己的成功只是一种偶然现象，根本和努力用功没有关系，因为在他的意识里，别人总是比自己聪明。

基于这种心理，孩子就很难建立真正的自信心，因此，家长应该换一种教育概念，对孩子的优点给予认可和表扬，让孩子知道自己本身存在的优点，让其形成积极的心理优势。在自我认同感的前提下，再去鼓励和督促孩子努力学习，让孩子站在一个相信自己，对自己有信心的基础上，刻苦学习，赶超他人。

不过，有些孩子可能会因此而产生骄傲自满情绪的问题，这也是特别需要注意的。这就需要家长在让孩子知道他比别人聪明时掌握一定的技巧，而不是夸大其辞或直接地说他聪明，更要言之有物，针对细节，让孩子知道自己究竟出色在什么地方，让他能清楚地看清自己的优势和劣势。比如孩子做了一个小船模型，高兴地拿到你的面前让你评价时，其实他是想让你对他进行表扬。此时，如果家长张口就说"真漂亮，你真是棒极了"，这样的夸奖听上去看似合乎情理，但如果家长经常这样说，那孩子根本不知道自己究竟"棒"在哪里，从而不知道自己的优势在哪里，也就无法确切地建立某方面的自信心。对此，家长应该和孩子交流做模型的过程，了解孩子动手的动机和构思，然后去表扬孩子的某一个环节。比如他的想法不错，做的外壳不错或是手工不错等。如此一来，孩子就能清楚地了解到自己的聪明究竟体现在哪方面，也会知道自己哪方面不足，在以后追求成功的过程中，他就会有意识地强化不足的方面，以及让出色的方面变得更加出色，这样一来，孩子的聪明才算是真正地得以落实了。

古诗有云："天生我材必有用。"每个人存在的价值总会得到体现。如果孩子从小就在家长的赏识中培养起强烈的自我认同感，那么孩子在心理上就会形成正面效应。在学习和做事的时候，对自己就会很有信心，相信自己能做得更好，从而更加努力。因为在他的意识里，他能够做一些别人做不到的事。

第六章

面对孩子的暴躁脾气，
家长该怎样应对

全部的教育，或者说千分之九百九十九的教育都归结在榜样上，归结到父母自己生活的端正和完善上。

——托尔斯泰

孩子最喜欢爱他的人，也只有爱才能培养他。当孩子看到并感觉到父母对自己的爱的时候，他会努力听话，不惹父母生气。

——捷尔任斯基

孩子的世界，与成人截然不同；倘不先行理解，一味蛮做，便大碍于孩子的发达。

——鲁迅

在大多数场合，人们不善于给慈爱和严厉制定标准，而在教育上，这种标准是完全必要的。

——马卡连柯

>>> 1. 如何培养孩子做事果断的性格

处事果断是一个成功人士必备的品质。当孩子要做决定时，家长和老师最好不要引导或代替孩子做决定。因为如果孩子在做决定的时候，接受到外界的指示，那么以后再做决定的时候就会犹豫不决、有所顾忌。如此一来，孩子就容易养成优柔寡断的性格。

有一个小男孩，经常在家附近的林子里玩耍。一天，小男孩在树下发现一只从鸟巢里掉下来的幼鸟，小男孩把它放在手心，但因为自己不会爬树，所以无法把幼鸟放回树上的鸟巢里。于是，他决定带着这只幼鸟回家。

当小男孩走到家门口的时候，突然想起爸爸不太喜欢小动物，而家里唯一的动物——小猫也被冷落在院子里。于是，小男孩轻轻地把幼鸟放在门口的休息椅上，并对它说："小鸟乖乖等我哦，我要先问问爸妈，才能把你带回家。"然后小男孩走进家里，恳求父母养这只幼鸟，最终父母答应了他的请求。

于是，小男孩高兴地跑出门外，准备带幼鸟回家给它喂食，结果却发现幼鸟已经不在长椅上。他找遍了整个院子，最终在小猫的窝里发现了小鸟的一些羽毛。为此，小男孩伤心了很久。经过这件事，他懂得了：在面对一些事情时，优柔寡断是不可行的。这个小男孩就是美国有名的导演罗伯·马歇尔。

在孩子的人生中，犹豫不决虽然可以减少做错事的可能性，但孩子也会因为优柔寡断而错失很多成功的机会。不过，孩子的心智渐渐成熟之后，会逐渐用自己的想法决定一些事情。也就是说，孩子的判断力、明辨是非的能力也是成长中的一部分。当然，要小孩子像大人一样处事果断确实尚早，但孩子各方面都处在发育期，这个时候的孩子性格尚未定型，正是培养良好性格的大好时期。所以，在孩子的成长过程中，家长和老师应尝试让他们针对一个问题作出判断。如果孩子做出的判断是正确的，应给予鼓励和表扬；如果孩子作出的判断是错误的，应鼓励孩子找出原因，或给予孩子一些提醒和暗示。如此一来，就会增强孩子的分析和判断的能力，使孩子在面对一些困难和问题时，能快速地做出决断。

有一只老虎在山间的丛林中觅食，这时，它看到草丛中似乎有猎物出现，于是快速追赶，而茂密的草丛阻挡了老虎的视线，以至于让它看不到草丛中存在的危险。忽然，老虎跑不动了——它被猎人布置的陷阱夹住了尾巴，老虎奋力想挣脱束缚，但夹子的铁齿已经绞进了肉里。这时，听到动静的猎人拿起猎枪向这边走来，老虎感觉到死亡的威胁在渐渐逼近它。于是，它不再犹豫，而是用力一拉，生生把自己的尾巴扯断了，并用尽全身的力气向茂密的森林中跑去。最终，老虎脱离了危险地带，逃脱了猎人的追捕。

虽然尾巴断了很痛，甚至可能会受到其他动物的嘲笑，但相比失去生命而言，这是明智的选择。由此可见，果断是为人处事中的明智做法。当人们面临抉择的时候，也应该像老虎一样，果断地作出选择，以免让自己遭受更大的损失。孩子往往不能很好地选择一样东西，这主要是由于大部分孩子都比较贪心。比如他们会同时想拥有两件玩具，或不想放弃某些东西等。这时，家长应当让他们了解，做出选择是为了达到更好的结果，让他们知道取舍的重要性，或是让他们明白，如果一直犹豫不决，失去的就不是一样东西，可能两样东西都会失去。如此一来，孩子为了避免失去更多，就会让自己做出决断，并且以后孩子在面对一些事情时，也会更果断。

如果孩子面对问题时经常犹豫不决，而家长和老师又不给予鼓励和支持，就会致使孩子养成优柔寡断的性格。可以说，如果孩子做事时总是优柔寡断、犹豫不决，或是思考一些毫无意义的可能性，抑或是经常因一些外在因素而轻易改变决定，孩子长大以后很可能会成为一个一事无成的人。而性格果断的人，做事时总有必胜的信念，周围的人也很容易相信和信任他们，他们是自己世界的主宰者，甚至能影响别人的世界。因此，要培养孩子形成行事果断的良好习惯，以避免孩子将精力浪费在毫无价值的犹豫中。

但是，需要注意的是，果断并不是鲁莽，凡事毫不考虑就直接行动叫做鲁莽，而根据实际情况作出判断后再行动才是果断。虽然鲁莽往往会导致一件事产生的后果更加严重，但凡事总是瞻前顾后，犹豫不决，就会"当断不断，反受其乱"。因此，家长应当让孩子懂得鲁莽和果断的差别，让孩子明白在面对问题时，要有所思考，作出判断之后再作出行动，切不可优柔寡断。

俗话说"三思而后行"，所谓"三思"，整体来讲就是考虑事情的利弊、反思整体形势等。虽然凡事不能毛躁，考虑事情要全面，但也不能让"三思"阻碍孩子的脚步，应该让孩子懂得"三思"是为了使决断更加精确，使行动更为周密，使成功更有把握，而不是让他们思考"应不应该做""这样做可行吗""我真的要这样做吗"等不必要或是未知结果的可能。如此一来，孩子就会养成处事果断以及客观对待事物的习惯，等日后孩子踏上社会也会对他有所帮助。但家长还要做到以下几点：

（1）家长应该做孩子的"闹钟"和"警钟"，培养孩子的时间观念和辨别能力。孩子要完成的事情，应当让他记下来；如果他忘记了，家长应当提醒。当孩子做错事时，家长应当起到警示作用，但不要对孩子过于严厉，应当从问题的实际出发，让孩子认识到"坏的因素"是哪方面的，这样才能使孩子更明确地作出决断。

（2）要让孩子为自己的优柔寡断付出应有的代价，当他们尝到其中的"苦"后，就能明白家长的良苦用心，同时也会养成不再磨蹭的习惯。

（3）让孩子学会当机立断，并让他知道自己的选择即使有时是错误的，但至少也是一个自主决断的良好开端。告诉孩子，想要长大就要学会担当，为自己的选择负责。

>>> 2. 好脾气家长才能帮孩子克服暴躁的脾气

　　孩子的暴躁脾气不单单是先天遗传，也与后天经历有关。虽然每个人都会有脾气，但每个人的脾气也都是不同的，而不同的脾气主要是因为每个人的经历不同、环境不同以及身边遇到的人不同。

　　在城市中，大部分家庭是独生子女，而独生子女和独生子女组建家庭，哺育子女之后，不仅孩子的父母溺爱孩子，孩子的爷爷奶奶等也会非常溺爱孩子，在这种环境下，很多孩子都过着"小皇帝"一样的生活。这种直接的溺爱，使孩子的脾气也随之攀升，稍有不如意的事情，就大发"小皇帝"脾气，大声哭闹，而父母或爷爷奶奶为了让孩子止住哭闹，对其往往是有求必应。如此一来，就会让孩子形成暴躁的脾气，以致最终这种脾气成为他性格上的缺失。

　　池塘里住着一只性情暴躁的乌龟，一天，两只大雁经过，落在池塘边喝水。乌龟对大雁叫嚷道："这池塘是我的，你们喝的水也是我的，你们喝了我的水，就要做我的护卫，带我一起去南方。"

　　两只大雁答应了乌龟的要求，找来一根结实的树枝，让乌龟咬住树枝，并叮咛乌龟起飞后，千万不可松开口，特别是不能开口说话。乌龟不耐烦地答应着。

　　地上一只猪发现了它们，觉得非常有趣，于是指着天空中奇怪的组合对自己的同伴说："快看啊，乌龟竟然飞了，真是太好笑了，明明没有翅膀竟然让大雁带着飞。"其他猪看到之后，也纷纷嘲笑乌龟。刚刚还为能在天上飞而沾沾自喜的乌龟，听到猪的嘲笑后，就张嘴想大声斥责它们。结果，乌龟一张开嘴，就从天空中迅速掉落下来，摔在路边的一块石头上，就此一命呜呼。

　　显然，这只脾气暴躁的乌龟只因为猪的一句嘲笑就丢了"龟命"，简直是一只傻乌龟。其实，在现实生活中，很多人都会犯这样的错误，因为没有控制住自己的脾气而让别人或自己受到伤害。而孩子相对于成人来说，心地比较单纯，他们往往更不懂得如何控制自己的暴躁脾气，一生气就哭闹不休、大吵大闹。这时，作为家长切不可对孩子打骂，或进行言语或身体上的惩罚——这种威慑，治标不治本。在孩子面前，家长或老师要树立一个良好的形象，在孩子发脾气时，要懂得安抚孩子内心的狂躁。其实，有些家长就是因为太过溺爱孩子，才会致使孩子养成暴躁脾气的，而这却容易对孩子的身心健康产生不利的影响，使孩子形成不良性格。所以，千万不要溺爱孩子，否则很可能会使孩子形成暴躁脾气。

　　当孩子脾气暴躁时，家长一定要冷静，不要因为孩子的"无理取闹"而对孩子发火，尽量用温和轻柔的态度与孩子交谈，这样可以很好地让孩子安静下来。可以靠近孩子，拥抱他，轻柔地拍拍他的后背，用身体上的亲密安抚他内心的狂躁，这样能缓和因孩子发脾气而紧张的气氛。如果孩子是因为身体不舒服或生病等可以理解的原因而变得脾气暴躁，家长应该理解孩子，因为此刻他的脾气暴躁是情理之中的事。如果孩子上次发脾气把玩具丢掉，而这次却没有，说明他已经努力控制情绪了，那么家长可以适当地表扬、鼓励一下孩子，相信孩子会越发乐意改变坏脾气的。

　　除此之外，在孩子脾气暴躁、无理取闹的时候，家长也可以采取不予理会的态度，让孩子意识到这种无理取闹的行为是不可取的。当孩子意识到这一点后，往往就会停止哭闹和收敛自己的坏脾气。这个时候，家长再心平气和地对其说教，就会起到显著的效果。大部分时候，孩子会因为得不到某样喜欢的东西而发脾气，如果家长为了哄孩子而轻易满足孩子的要求,那么很容易让孩子产生一种"原来我只要发脾气,爸妈就会给我东西"的思想,如此一来,下次他再想要某样东西的时候,暴躁的脾气很可能会愈演愈烈。

当然,孩子发脾气时也不能一味地说"不行",家长态度太过强硬容易让孩子产生抵触心理,使孩子的脾气进一步恶化,甚至是扭曲孩子的性格。所以,应当让孩子明白自己所要东西的价值。比如和孩子交流为什么要买这样东西,这样东西价值多少,又能买哪些实用的东西等,让孩子从实际情况认识到并不是每样东西都有购买价值的。

总之,每个孩子都会有一个"脾气暴躁期",即"反抗期",也是孩子懂得跟随自我意愿去选择的时期。在这个时期,家长应对孩子的行为加以鼓励,督促他们形成良好的自我意识和性格。当孩子表现出摆脱父母的情绪时,适当地放一下手,当他得到一个坏的结果时,他自然就会明白其中的道理。当孩子控制不住暴躁的脾气,出现骂人或动手的不良行为时,应严厉制止。但是,家长和老师切不可"以暴制暴",而应严肃地向孩子讲清道理,让其明白这种不良行为可能会造成的危害。

对于一些尚在幼年时的孩子,当他们脾气暴躁时,可以转移他们的注意力,因为年龄尚小的孩子容易被新奇的事物吸引。比如放一些轻柔的音乐,给他一个新玩具,用口琴之类的小型乐器发出一些好听的声音等。如此一来,就可以很好地吸引孩子的注意力,使孩子停止哭闹,忘记发脾气的事。总而言之,不要在孩子脾气暴躁的时候和他们理论,因为人在脾气暴躁的时候,大脑皮层处于一种紊乱的状态,很难平和地接收外部的信息。因此,此时和孩子说话他们是很难听进去的,应等孩子心理平静之后再行动。

> > > 3. 别让谎言"骗"了孩子的未来

可以说，世界上没有一个人是一生都没说过谎的。而家长需要知道的是，说谎对孩子性格的形成有着不可估量的负面影响。在现实生活中，很多家长认为，孩子说谎就是犯错，要加以惩罚，避免他们再次说谎。但从心理学的角度来讲，会说谎的孩子比不会说谎的孩子在心智上更加聪明。因此，家长应当正确看待孩子说谎，并加以引导。

相信大家都听说过"皇帝的新装"的故事，故事中的人因为惧怕权威，怕被别人认为是愚蠢的人，于是选择了说谎，而只有一个小男孩不惧权威，诚实地指出"皇帝其实什么也没穿"的事实，揭发了两个骗子的谎言。如果不是小男孩诚实地说出了真相，恐怕这场闹剧会愈演愈烈，而当事实摆在人们的眼前时，说谎的人才发现自己是多么愚蠢。家长们应当教育孩子，让孩子像故事中的小男孩那样，做一个诚实的好孩子。

但事实是，无论家长如何教育，孩子都不可能一次谎都不说，而且随着孩子的成长，他们说谎的方式也越来越高明。那么，孩子为何要说谎呢？一般，孩子说谎，普遍的原因有以下几种：

（1）逃避惩罚。

孩子对身边的事物都比较敏感，好奇心特别大，所以也容易做错事。而一旦做错事，就会怕家长打骂或惩罚自己，因此，他们会选择用说谎的方式来逃避惩罚。

（2）他人影响。

每个孩子都是最积极的"模仿家"，他们会模仿大人或周围的人，

如果孩子看到家长或小伙伴说谎，他们就会认为，说谎是正常的。并且，在孩子说谎时，有的家长认为孩子小，说谎无伤大雅，因而并没有及时批评教育，从而致使孩子在无形中就学会了说谎，进而养成了说谎的习惯。

（3）自卑心理。

有些孩子因为各方面能力不足，总是得不到家长和老师的表扬，也经常被同学和身边的人忽视，于是就产生一种"我不如别人"的自卑心理。这时，孩子会有意识地说谎，以得到他人的关注。

事实上，孩子说谎的原因各种各样，因此，家长和老师在面对孩子说谎的情况时，不要因为他的这种行为而过于苛责，反应也不要过于极端，应当了解他说谎的原因，让孩子形成一种"诚实的孩子才能得到谅解"的意识。这样一来，孩子才能毫无顾忌地说出真相。而要想让孩子成为一个诚实正直的人，家长和老师就必须善待孩子的谎言，根据实际情况进行客观的分析，再对孩子进行正确引导。即使孩子说了谎，家长和老师也要表示不会用惩罚、打骂的消极方式对待他们，要和他们建立起朋友关系，在信任的基础上和孩子沟通交流。一般来说，在这种情况下，孩子会知道自己说谎是不对的，没有了心理压力，他就会选择正视自己犯下的错误，并诚实地把真实情况说出来。

如果孩子说谎是家长造成的，家长应当自我检讨和批评，并给孩子一个合理的解释，让孩子充分认识到，不论什么人，只要说谎，就是一种错误的行为，并让孩子意识到，只有做一个诚实的人，才能得到别人的认同。更何况，说谎对孩子的性格形成是有较大影响的。

＞＞＞4. 让孩子"大方"起来
——培养孩子乐观豁达的心胸

对孩子来说，嫉妒是一种自然的情感表现。孩子的思维很窄，没有成人那样开阔，他们往往会以自己小小的世界为中心，而且情绪反应强烈，开心就笑，难过就哭，无论是什么样的情绪，都能直接地表现出来。可以说，孩子没有任何自控能力，不会像成人一样理性地思考分析，他们只会根据实际情况作出最真实、最直接的情绪反应。孩子的思想路线其实很简单，他们只是希望能独占父母和老师的宠爱，希望总得到表扬。

虽然孩子的嫉妒心是一种可以被理解的正常情绪反应，但如果孩子的嫉妒心太过强烈，是会影响到孩子的性格和心理健康的。有的家长和老师对孩子的嫉妒心总是不闻不问，或是采取批评的方式，时间一久，它很可能成为孩子性格中的一部分，从而影响孩子健全的人格和身心健康。从情绪和心情上来讲，常常嫉妒别人，会让自己产生苦闷的情绪，甚至会演变成仇视他人的心理。因此，对于孩子的嫉妒心，家长和老师千万不可掉以轻心。如果发现孩子的嫉妒心太过强烈，一定要对其及时进行正确的引导。

有一只美丽的孔雀，时常在草原上漫步，它的尾巴像漂亮的锦屏，让草原上的动物非常羡慕。一天，一只火鸡从孔雀身边走过，它看到美丽的孔雀，既羡慕又嫉妒。于是，忍不住用讥笑的眼光看着孔雀，

但是孔雀却把它视作空气，依然悠然自得地在草原上漫步。孔雀毫不在意的样子，使得火鸡的嫉妒心更加强烈了。

火鸡说："看啊！那只花哨的鸟儿，骄傲的样子真是讨厌，美丽的只是它的尾巴，又不是它的品质，如果没有了尾巴，它不仅没有火鸡好看，而且还丑得吓人。你们看看它那恐怖的爪子，听听它那不堪入耳的声音，即使是猫头鹰都比它叫得好听。"

孔雀轻微地点点头，说道："不错，你说得很对。但是你要知道，如果我的声音生在一只火鸡的身上，那就没有人会注意它了，甚至还会失去参加夜莺演唱比赛的资格。"由此可见，嫉妒他人，只会让人看到他人的短处，屏蔽掉他人的优点。

可以说，嫉妒心的产生也往往是因为自尊心和虚荣心太强的缘故。其实，嫉妒心并非都是消极因素，也有积极因素。积极因素是指家长和老师可以利用孩子的嫉妒心，即自尊心和虚荣心，督促、激励他们产生竞争意识，使他们敢于面对嫉妒，为超越他人而努力。一般来讲，孩子的好胜心比较强，他们会时常表现出想超越他人或不服输的情绪。对此，当孩子产生嫉妒心理后，家长和老师应该培养孩子从心理上容纳别人，让孩子做到有容人之量。所以说，嫉妒也有积极的一面，家长和老师要帮助孩子克服嫉妒心理，培养孩子乐观豁达的性格。

在森林里，黄鹂和乌鸦住在同一棵树上，它们相互照顾，相处得很和睦。

黄鹂的歌声婉转动听，每个路过的鸟儿都会忍不住停下来聆听，一传十，十传百，森林里的动物们都知道这里住着一只唱歌非常动听的黄鹂鸟。同样住在这棵树上的乌鸦渐渐心理不平衡了，它想："明明我也同样优秀，为什么别的鸟赞美黄鹂鸟，却忽略我呢？我也要在大家面前唱歌，得到比黄鹂更多的赞美！"

于是，每当在黄鹂唱歌的时候，乌鸦也扯着嗓子鸣叫，企图用自己的声音覆盖黄鹂的歌声，博取大家的赞美。可是，这惹怒了来听黄鹂唱歌的鸟儿，它们非常讨厌乌鸦。但乌鸦并没有因为其他鸟类的反感而停止这种幼稚的行为，反而变本加厉，叫得声音更大了。时间一久，乌鸦没有博得大家的赞美，反而把嗓子喊坏了，它的声音变得更加嘶哑、难听了。黄鹂因为受不了乌鸦那恐怖的声音而选择了搬家，其他鸟儿也都不肯理会乌鸦，更没有鸟儿愿意做它的邻居，乌鸦很孤独，心情越来越低落、郁结，最终连羽毛也渐渐失去了原有的光泽，变得像黑炭一样乌黑了。

莎士比亚曾说过："你要小心嫉妒，它是一个恶魔。"嫉妒是一个恶魔，它不但能毁灭友谊，还能吞食自身的美丽。寓言故事中的乌鸦，因为自身某些方面不足，从而对黄鹂产生了嫉妒情绪。这不仅破坏了彼此的友谊，还招来了其他鸟儿的反感。现实生活中，很多孩子也是如此，他们产生嫉妒心理，往往是因为自己在某方面不足。对此，家长和老师要从"旁观者"的角度帮助孩子找出自身的不足之处，并帮助他们努力弥补。比如孩子看到别的小朋友或同学画的画比自己好，从而对其产生嫉妒心理，家长可以帮助孩子提高绘画能力，鼓励孩子以此打败对手。如此一来，孩子就能克服和消除嫉妒心理，并很好地将嫉妒心理转变成竞争心理。

此外，自信的孩子往往比较乐观，性格上也就显得豁达，他们能正确地对待别人的成功和好成绩，情绪也显得平和，并且相信自己也能超越别人，取得成功，所以自信心也是释放嫉妒的一剂强心针。因此，家长要从小培养孩子树立自信心。虽然鼓励和表扬孩子可以树立孩子的自信心，但这种鼓励和表扬不宜太过夸大其词，应适度表扬孩子，这样才能让孩子形成良好的自信心。

在日常生活和学习中，家长的言行都可能会影响到孩子的心理健康，因此，家长也要养成豁达的性格，在孩子面前要做一个良好的榜样，不能因小事计较，也不能在孩子面前抱怨。如果家长在孩子面前表现出一些不良的情绪，那么孩子会认为这种不良的情绪是正常的行为。所以，要想帮助孩子克服嫉妒心理，培养孩子豁达的性格，家长有必要以身作则。

＞＞＞5. 不同性格的孩子需要采取不同的教育方法

　　作为孩子的母亲，你了解自己孩子的性格吗？你的孩子放学后，是安安静静地做作业，还是看电视、玩游戏；在同龄孩子面前，是热情主动，还是沉默寡言；家里来客人了，是主动招待，还是扭扭捏捏放不开；是把自己的小秘密都告诉你，还是留着自己的小秘密锁在笔记本里……其实，这些都反映出了孩子们不同的性格特点。而性格不同的孩子，接受的教育的方法肯定是不相同的。

　　孔子是我国古代著名的教育家，他门下的弟子众多，由他培育出的"七十二贤人"更是被世人津津乐道。可以说，这都跟他诲人不倦的教育精神是分不开的。更为关键的是，孔子能了解每个学生的性格特征，然后根据学生们各自的性格采取不同的教育方式。

　　在一次讲学中，孔子的学生子路问孔子："老师，是不是得到了指示就可以付诸行动了？"

　　孔子回答他："怎么可以随便行动呢？"

　　孔子的学生冉有问孔子："老师，是不是得到指示就可以付出行动了？"

　　孔子回答他："是的。"

　　学生公西华对孔子的不同回答非常费解，他想：难道老师偏向冉有兄？孔子看出了公西华的疑惑，于是告诉他："冉有性格怯弱，所以我鼓励他；子路性格莽撞，欠稳妥，所以我要让他思虑周详。"

由此可见，不同性格的孩子，应采用不同的教育方法教育他们。虽然父母们都渴望自己的孩子成材，但在教育孩子时，总是会想"为什么教育孩子这么难！"那么，在这种情况下，你有必要细想一下，身为家长的你真的了解自己的孩子吗？你仔细观察过孩子的性格特征吗？你的教育又真的适合孩子的性格特征吗？如果能做到"因材施教"，针对孩子的性格采取正确良好的教育方式，你自然就会觉得教育孩子不再是一件苦差事。

因而，作为家长，应当了解孩子的性格以及性格类型。可以说，"性格"不仅是一个人表达情绪和行为等的心理特征（比如，有的孩子活泼开朗，有的孩子沉默寡言，有的孩子主动积极，有的孩子果断坚强等），还是个性的重要组成部分。家长需要知道的是，性格并不是一种固定的形态，它可以随着周围环境、社会实践、成长经历等变化，是可以塑造的，但性格一旦形成，就是比较稳定的。也就是说，想要改变塑造成型的性格是比较困难的。因此，在孩子的成长时期，家长或导师应努力培养、塑造孩子良好的性格。

但家长在教育孩子时，一定要注意：如果孩子的性格只是一时的表现，就不要因此而认定这是孩子所特有的性格特征，而导致自己采取错误的教育方法，从而给孩子造成不必要的心理压力。通常，一个人的性格特点，主要表现在他那些经常性的语言和行为中。而一些家长对"因材施教"有所误解，认为"施教"就是采用什么样的方法教育孩子，其实并非如此——"因材施教"是指根据孩子的性格来决定采取怎样的教育方法。也就是说，教育的方法必须是适合孩子的。

不同性格的孩子的心理表现和行为表现也不同，就像世界上没有两片一模一样的树叶。但大部分家长都是按照自己的方法教育孩子，不考虑章法，从而最终导致孩子无法形成良好健全的性格。由此看来，家长教育孩子时有必要根据其性格采取相应的教育方法，而这就需要家长掌握以下四种孩子们最为常见的性格：

（1）性格开朗的孩子。

性格开朗的孩子比较乐观，可能他们或多或少会有一些"多动症"，总是坐不住，不喜欢让自己有压力，总是耐心不足，对父母、老师说的话，总是一个耳朵进一个耳朵出，从不用心铭记。

对于这种性格活泼、开朗的孩子，不要过分溺爱，应当用创意教学法，让其专注于一件事情上。因为性格开朗的孩子需要培养专注力和耐心，要加强他们责任心的培养，不要让他们因性格的关系，太过得意忘形，应当让其了解别人的心理感受。其实，很多家长和导师对性格开朗的孩子，总是有些放纵，因为大部分人认为，这种性格是不错的，但如果过分溺爱这种性格的孩子，他们长大之后就会无所顾忌、目空一切，形成太过自我的不良品质。

（2）性格内向的孩子。

性格内向的孩子，比较沉默寡言，不喜欢主动和家长或老师对话，不喜欢和同学交流，也不喜欢加入到群体活动中，喜欢一个人安静地呆在一边看书或是思考。这种性格的孩子总是会一个人沉浸在自己的世界中，往往会被周围的人忽视。

性格内向的孩子比较温吞，也就是人们常说的"慢热"，所以家长应当慢慢鼓励孩子主动与人交往。如果家长总是强迫他开朗一些，反而会让他们产生心理压力，甚至会降低孩子的自信心。家长应当时常表扬孩子，引导孩子主动表达。如果遇到熟人自己打招呼而孩子不吭声地站在一旁，但在你的提点之下，孩子向熟人打了招呼，而等熟人走过去之后，你有必要这样对孩子说："今天宝宝表现真棒，如果下次能主动向阿姨问好，那就更棒了！"孩子被鼓励后，不仅心情愉悦，还得知下次可以有更出色的"演出"，对孩子来说，这也是一种吸引力。

（3）性格强势的孩子。

这种性格的孩子大胆主动，渴望独立自主，不喜欢依照家长和老师的意愿行动，喜欢反其道而行，自认为是在摆脱大人的束缚。

虽然孩子渴望独立自主是好事，但面对孩子这种强势的性格，家

长切不可"硬来"，要保持应有的耐心，给予他们一些自主的权利。比如让他们参加"家庭会议"，询问他个人的意见和想法等，让孩子感受到大人的尊重，并锻炼他的耐心。对孩子产生的好的想法，家长应给予支持；不好的想法，家长应采用分析利弊的态度说服，切不可强迫教育孩子，否则，很容易起到反效果。所以，在引导孩子形成正确思想的问题上，家长一定不能马虎。

（4）性格懦弱的孩子。

性格懦弱的孩子一般都是完美主义者，他们做事比较认真，家长和老师对他们的要求很高，或他们对自己的要求过高，渴望达到一种较高的境界，因此，在做错事或被人指责时，这类孩子很容易伤心、失落。由于这种性格的孩子自尊心一般比较强，家长和老师在采用教育方法时应当谨慎，以避免造成孩子的自卑、怯懦的心理。

在日常生活中，家长和老师应留意性格懦弱的孩子的生活目标，鼓励他们培养个人的爱好和兴趣，并避免给他们太大的压力。此外，要切记不能让这类孩子的自尊心受到伤害。如果孩子成绩不好，家长千万不可说一些"你让我失望了"之类的话，而老师也同样不能说一些"你的成绩相比上次退步了"等。如果这类孩子做错了事，家长和老师应正确引导并鼓励他们，从而培养他们的勇气和自信心。

>>> 6. 学会主动，是孩子迈向成功的第一步

英国著名的文学家莎士比亚曾说过："主动出击是勇敢的最大要素。"而被动则是效率的最大敌人，也是阻碍孩子迈向成功的最大障碍。俗话说"机可不失，失不再来"，在人们犹豫的时候，机会就已经从手边悄悄溜走了。有些孩子性格比较内向，不喜欢主动出击，总是站在被动的位置，这样的孩子在成年之后，会无勇无谋，难以担当大事。因此，家长应当注重培养孩子形成主动性格，不要让孩子因为被动而失去成材的机会。

狼是一种有头脑的动物，它们喜欢主动出击，在最快的时间和最有利的条件内，杀死其他动物。如果让狼和狗搏斗，胜利的肯定是狼。因为，虽然狗和狼体型最相近，但狼在野外生存，而狗则被人类圈养在家里。如此一来，狼的生存能力肯定比狗强，而且狼还具有超乎寻常的智慧，常常为了避免受到伤害而选择主动出击杀死另一只狼，这就是事物的法则——用进废退。动物尚且懂得主动出击，为自己赢得更多的机会，那么，人类岂能落后？

在现实社会中，竞争非常激烈，不断上演着"竞技赛"和"淘汰赛"，稍有不慎就会被淘汰。在这种现状下，孩子如果没有"用进废退"的认知，未来的道路将会非常艰难。有些家长，总是习惯"掌控"孩子，甚至为孩子安排好以后的路，从而让孩子一直处于被动接受的位置，缺乏生存的技能和智慧。因此，家长要让孩子有危机感，培养孩子主动性格，不要总是约束孩子或要求孩子"应该这样""应该那样"，因为被动让孩子怎么做和孩子主动怎么做是不一样的概念，前者是家长

的意愿，是家长在主动；后者才是孩子的意愿，才是孩子在主动。

比尔·盖茨曾说："如果一个人一生只求平稳，只是被动地接受着别人的安排，而不主动出击，那这个人的人生和生命也就失去了意义。"每个人都应该将人生的主动权握在自己手里，如果家长一直要求孩子按照自己的意愿行动，以致孩子一成不变地站在被动的位置，不主动出击，那么这个孩子跟提线木偶又有什么区别呢？如果人类的祖先不主动做一些事，人类又怎么会进化到现在这种地步呢？由此可见，只有主动出击，才能获得先机。家长应明白主动的重要性，让孩子形成主动性格。

在日常生活中，很多孩子在面临行动时，往往会先考虑家长的态度，做事畏首畏尾，甚至怕家长惩罚自己而放弃行动。可以说，"语言巨人，行动矮子"的孩子，不在少数——有些孩子因为害怕行动之后会失败或出现错误，所以有些事只是说说而不主动行动。家长要知道，这种不安心理和惧怕家长责怪的心理会摧毁孩子的自信心，压抑孩子的潜能，束缚孩子的想象力，让孩子的性格变得怯懦。这种孩子畏首畏尾的怯懦情况，就是长期被动接受家长安排的结果。

人们在做一些行动时，往往会有些紧张和不安。与成人的"面不改色"不同，孩子总是会把紧张和不安表现出来，而这就是所谓的"行动恐惧症"当孩子产生紧张和不安情绪时，家长应当对孩子进行安抚和鼓励，激励他们保持主动性，在行动中纠正和调整孩子的心理，这样才能排除孩子的这种心理障碍，使孩子战胜"行动恐惧症"。

如果仔细观察就会发现，有的孩子在关键时刻总是进退两难，瞻前顾后，让自己失去先机。孩子所知道、了解的层面的确很窄，所以家长应当适度地开阔他们的眼界，培养他们在关键时刻，客观分析、判断的习惯。更为关键的是，在孩子成长中面临选择和取舍时，要鼓励他们主动做出抉择，以免失去主动权。

第七章

千万别让负面情绪影响孩子健康成长

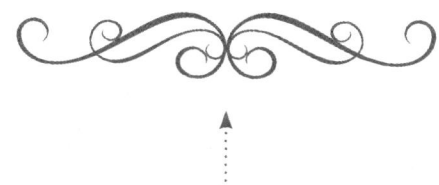

我们教育工作者的任务就在于让每个儿童看到人的心灵美，珍惜爱护这种美，并用自己的行动使这种美达到应有的高度。

——苏霍姆林斯基

道德教育最简单的要素是"爱"，是儿童对母亲的爱，对人们积极的爱。这种儿童道德教育的基础，应在家庭中奠定。儿童对母亲的爱是从母亲对婴儿的热爱及其满足于身体生长需要的基础上产生的。进一步巩固和发展这一要素，则有待于学校教育。教师对儿童也应当具有父子般的爱，并把学校融化于大家庭之中。

——裴斯泰洛齐

儿童幼小的心灵是非常细嫩的器官。冷酷的开端会把他们的心灵扭曲成奇形怪状。一颗受了伤害的儿童的心会萎缩成这样：一辈子都像桃核一样坚硬，一样布满深沟。

——卡森麦卡

如果儿童任意地让自己不论去做什么而不去劳动，他们就既学不会文学，也学不会音乐，也学不会体育，也学不会那保证道德达到最高峰的礼仪。

——德谟克里特

>>> *1.* 掌握正确的教育方式
——与孩子的心灵对话

美国心理学家凯根曾说过："家庭教育必须杜绝不健康的教育方式，孩子的心理才能健康。"美国儿童心理学家们指出，在家庭教育中，父母采用的不恰当的方式方法，是影响孩子心理健康的重要因素之一。可见，家庭教育对于孩子能否形成健康的心理有着举足轻重的影响。

艾莉女士升职之后，心里非常高兴，并且满足了儿子期望已久的事情——给他买个小提琴。

每天回家，只要见儿子在练小提琴，她总是会陪孩子练一会儿，做儿子的小听众，并提出一些意见。如果儿子有进步，她还会高兴地夸奖儿子，并给予他一些小礼物做奖励。

可是，接下来的几天，艾莉因为工作上遇到了一些棘手问题，从而让她心烦意乱，而回到家她还要熬夜看资料，因此心情无法得到放松。从而她不再像以前那样陪儿子练习小提琴，也不再听儿子拉曲子了。

这天，儿子拉了一首欢快的曲子，心烦意乱的艾莉却狠狠地责备儿子道："别拉了，难听死了，没看到妈妈在工作吗？你怎么这么不懂事！"儿子见妈妈一脸不耐烦，也不敢多说话，一脸委屈地把小提琴放起来，回了自己的房间。而此后，他再也没有拉过小提琴。

当艾莉解决完棘手问题，才发现儿子的这一状况，她非常着急，并试图和儿子沟通，但儿子有极强的排斥情绪。虽然艾莉对儿子多次道歉，最终得到了孩子的原谅，但儿子却表示自己已经不喜欢拉小提琴了。

　　在家庭生活中，有的家长就像艾莉这样忽冷忽热地对孩子，从而对孩子的心理造成了一些伤害。这样的情况如果十分频繁，很容易使孩子出现心理疾病。父母双方在进行家庭教育时，也应该注意不要采用不一致的态度，因为这样也很容易给孩子的心理造成不良影响。比如，父母一个让孩子玩，一个不让孩子玩；一个允许孩子的某些行为，一个禁止孩子的某些行为等，这些都会让孩子左右为难，不知自己应该听谁的话才好。因此，家长们在对孩子进行家庭教育时，夫妻之间应商量好教育模式，要尽量保持"队形一致"。

　　在现代家庭教育中，"儿权至上"的问题很普遍。其主要原因是，物质生活逐渐改善，家长和长辈对孩子越来越溺爱，以致养成了孩子目中无人、任性妄为的不良性格。比如，不听家长和长辈的话；爱吃的菜摆在自己面前，其他人不让碰；喜欢的玩具，就一定要得到，家长不买就哭闹不止；在家像"小皇帝"，喜欢指使人……这样的孩子生存能力差，心理脆弱，在将来很难独自面对困难。由此而言，这种"儿权至上"的不良家教模式，家长们一定要杜绝。或许有些家长，不想让孩子受苦，为此在管教方面过于宽松，但如果因为家长的不忍而毁了孩子的一生，就得不偿失了。

　　虽然随着物质文化生活的改善，家庭教育越来越强调科学性，人性化，但仍然有一些家长采用"棍棒之下出孝子"的教育模式。

　　麦瑞的父母是普通的工人，因为 2008 年美国金融风暴的影响，麦瑞父母所在的工厂倒闭，原本拮据的生活，过得越发艰难了。麦瑞的父亲每天出去收垃圾，而母亲则在家操持家务。即使家庭条件这么艰苦，父母也不让他干重活，只让他认真学习，希望他长大能出人头地。

　　但麦瑞的成绩一直不理想，还结交了一些不爱学习的"坏学生"，有时甚至会跟着这些"坏学生"一起打架。为此，麦瑞的父亲非常愤怒，只要麦瑞一闯祸，他都要狠狠地教训麦瑞，而麦瑞每次挨打都不吭声。直到有一次，在被父亲打完后，麦瑞大声地说："如果你再打我，我就离开家，再也不回来了！"父亲以为儿子说的只是气话，也没有放在心上。

可第二天，麦瑞一直没有回家，父母到学校去找他，也没有发现他的踪影，麦瑞的父亲这才意识到孩子昨晚是认真的，立刻到警察局报了案。一个星期之后，一位警员来到麦瑞的家，告诉他的父母："您的儿子已经找到了，但是他现在在监狱里，因为他参与了团伙作案，抢劫了一个女士，并伤害了她的孩子。"

可见，打骂孩子很容易让孩子进入"父母不爱我"的情感误区，而这显然不利于孩子情感的发展，容易造成孩子性格、心理和情感上的缺陷，甚至会让孩子心理失常、神经错乱。长此以往，孩子的心理得不到良好的疏导，只能在父母的打骂中渐渐扭曲，产生叛逆的人格，最终走向犯罪的道路。所以，家长们要注意惩戒孩子的方式，不要沉溺于"暴力教育"。

总之，健康的教养方式对孩子的心理健康有着重大的影响，而不健康的教养方式，会让孩子的人格和心理产生缺陷，所以，家长们在教养孩子的过程中，一定要杜绝不良的教养方式，从而培养起孩子健康的心理。

>>> 2. 让负面情绪发泄出来，孩子的心理才健康

虽然每个家庭对孩子的基础教育都不一样，但家长的教育理念普遍存在功利化问题，使得孩子提前就进入了"竞争期"。比如，一些家长要求孩子比其他同学考得好，或赶上邻居家孩子的成绩等。其实，家长应该摒弃这种世俗功利的"成才观"，让教育思想得到解放，让孩子健康、快乐地成长。

在现实家庭教育中，很多家长对孩子的期望过高，希望孩子能考上重点学校，取得好成绩，获得更多的生存技能。殊不知，这种渴望孩子早日成才的行为，对孩子会造成极大的负担和压力。最突出的问题就是，孩子爱玩的天性被剥夺了，这也是孩子不能快乐成长的重要原因。特别是一些大城市的孩子，每周能够让他们放松、休息的时间本来就屈指可数，但现在这些时间他们都在各种兴趣班、培训班中来回奔波着。显然，这些情况对孩子的自由发展很不利。

孩子学习的时间过多，时常会感到厌烦，对家长的安排也很不满。虽然他们对此敢怒不敢言，但还是会通过一些反抗行为，表现自己的不满情绪，而家长如果没有感觉到孩子的心理活动，对孩子所表现的反抗行为处理方法不当，就会对孩子的心理成长造成不利的影响。

一个周末，美国一个小镇的警务处接到一个奇怪的报警电话——报警人是一位 8 岁的男孩，他在电话中说父亲对他使用了家庭暴力。警方到达男孩家之后，男孩的父亲辩称，已经到了平常起床的时间，但孩子迟迟不肯起床，他想方设法地说服孩子起床学习，但孩子都充耳

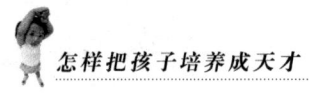

不闻，继续呼呼大睡。于是，他一气之下，就把被子强行从孩子的身上扯下来，并"修理"了孩子一顿。

男孩急忙向警方"告状"："还没有到平常的起床时间，他就叫我起床，还把我的被子从床上扔到地上，我希望他能向我道歉。"

接下来，这位父亲向警察解释了事情的发展经过——原来，男孩是某重点中学的学生，每天早上父亲负责叫他起床学习。可是，这天早上他和往常一样叫孩子起床时，儿子一直找借口推脱，就是不肯起床，眼看就赶不上上补习班的时间了，父亲就生气地斥责孩子没有时间观念，在匆忙之中便强行掀开孩子的被子，把孩子从被窝里强拉出来。谁曾想，孩子今天的表现太倔犟，在床上又跳又叫，就是不肯穿衣服上补习班。父亲于是生气地对其责骂，孩子竟然也和父亲叫嚷起来，父子两个因此吵得不可开交。最终，父亲拿起扫把对儿子动起了手，而男孩在情急之下拨打了报警电话。

当记者赶到的时候，父子两人已经被带到了家庭纠纷处。不久之后，孩子的母亲也赶到了家庭纠纷处，但让警察费解的是，母亲一到场，就劈头盖脸地对孩子发了一通火。直到晚上 11 点多，这位报警的男孩才被父母带回家。孩子走后，负责该事件的女警玛娜纳不禁感叹："我现在多少能理解这个孩子报警的心情了。"

从这位男孩的父母的表现中可以看出，孩子在承受繁重的学习负担之余，还要时常面对家长的负面情绪，周末还要上补习班，心理负担较大，从而产生了反抗情绪，但男孩的父母对他的这种反抗情绪处理得并不恰当，甚至还忽略了孩子的心理情绪，用极端、粗暴的方式对待他，很难想象这位男孩在这样的一种环境中，能否健康、快乐地成长。所以，家长们在对子女进行家庭教育时，应采取良好、平和的态度，不要用粗暴、责难的教育方式来对待孩子的反抗行为，否则，可能会适得其反。

很多家长总会对孩子能否全面发展担心，因此，会想办法采取措施，让孩子多学点知识，目的是将来孩子能顺利解决可能遇到的困难，这其实是一种"教育焦虑"的现象。此外，家长们还有意识地把希望寄托在了孩子的身上。比如，家长自己年少时没有完成的目标，希望孩子代替自己去完成等，可家长毕竟不是孩子自己，孩子是独立的个体，有自己的行为、思想、活动，以及很多不可控制因素。因此，家长们就会对孩子的教育产生焦虑，再加上有时看到别人家的孩子学习成绩好，心态就更不平衡，自然就会"愁更愁"。

可以说，家长们的这些情绪会被孩子尽收眼底，以致孩子们经常会说："爸妈比我自己还关心我的学习成绩""我考得好，爸妈就高兴，考得差，他们就生气""我这次的测试，比上次低了五个名次，回家等着被修理吧"……可见，家长情绪的表达，能直接影响孩子的心理健康。想要孩子的心理健康成长，最好的办法是，家长不要把自己的梦想强加给孩子，也不要以自己的目标来要求孩子做事、学习。而当孩子惹家长生气时，家长更不能用负面情绪对待孩子。这就要求家长们首先调整自己的心态，用积极、良好的心态面对孩子的教育问题。要知道，毕竟名次排在前列的孩子是很少的，孩子要和同学们挣得"头破血流"，才能挤进前列。对此，家长要理解孩子的辛苦，并认识到自己孩子与他人的不同或差异，去发现孩子的优点。

其次，家长要放下负面情绪，和孩子站在平等的位置上沟通，了解孩子内心的需求和渴望。

最后，家长们应根据孩子成长轨迹调整教育模式，用最科学、良好的教育模式培养孩子、教育孩子，让孩子形成乐观、自信的良好心态，迎接美好的明天。

> > > 3. 关注孩子的健康——身心健康需要齐头并进

英国自由主义学者约翰·格雷曾说过："身体健康在很大程度上取决于精神的健康。"可见，培养孩子健康的心理比培养孩子健康的身体更加重要。因为心理健康属于精神健康，这关系着孩子各方面的发展以及人格的完善，是孩子健康成长的要素。孩子只有具备了健康的心理状态，才能信心十足地挑战未来，为成功加分。因此，家长们在教育孩子的过程中，要了解心理学知识，不要只关注孩子身体的状况而忽视了孩子内心世界的成长，而当孩子的心理有了困惑时，作为孩子的第一任老师，家长要帮助孩子消除困惑。由于心理健康是奠定孩子一生幸福的基础，所以培养孩子健康的心理是所有父母义不容辞的责任。

世界卫生组织曾将健康定义为心理和生理以及社会适应度三个方面全部良好的一种状态，而不单单指强健的体魄。也就是说，心理和生理两方面都达到一种良好的境地才是健康。而心理健康和生理健康是孩子成长、发育的两个重要方面，都不可忽视。

美国费吉尼亚学院的儿童心理学家在一项新的研究中发现：孩子的心理健康与身体健康成长、发育有着不可忽视的关系。费吉尼亚学院的儿童心理学家针对 1000 多名儿童做过一系列的研究调查，这些孩子中，有的家长给予了自己的孩子充分的爱，而有些孩子成长在单亲家庭，所以只得到了单一的爱，而有的孩子缺少双亲的关爱……结果显示，这 1000 多名儿童身心健康两方面发展良好的，都是那些父爱和母爱充分的孩子，他们的健康指数比其他孩子要高很多，平均身体健康状况以及体格标准，都达到了优秀的标准。

对此，美国费吉尼亚学院的儿童心理学家认为，当孩子在缺少爱的环境中生活时，在一种心理沉闷的状态下会影响他们心情的愉悦、正常的休息、进食等，还会造成身体内分泌紊乱，进而导致身体健康状况低下，甚至面黄肌瘦，发育不良等。而儿童心理学家们还发现，那些身心健康的孩子，生活在父母身边，享受着父母全面的关爱，身体发育健康，个头也比那些缺少父母关爱的孩子高一些。由此可见，身心健康中的"身"和"心"，是息息相关、相辅相成的。可以说，如果心理上达不到健康的状态，身体就不会真正的健康。

此外，研究还表明，心理健康不仅与身体健康密切相关，还关系着孩子大脑发育的情况。也就是说，心理健康状况还会影响孩子智力方面的发育。

7岁的卡尼亚，刚升入小学一年级。在学习中，他的表现很不乐观，听课注意力不集中，反应比一般孩子迟钝，口头表达能力低下，不喜欢和同学们一起玩闹，经常一个人待着……他的班主任向卡尼亚的母亲反应了孩子的这一情况，并建议她给卡尼亚办理转学手续。

卡尼亚的母亲虽然对此非常无奈，但觉得孩子上学本身就比其他同龄孩子晚了一些，只是适应不过来，但为了他以后的成长，还是带他做了智力测试，结果发现，卡尼亚的智力发育并不乐观，存在严重的学习障碍。

卡尼亚的父亲是博士，而母亲也曾担任过幼教老师，孩子怎么会患有学习障碍呢？经过对卡尼亚不断地观察和分析，他的父母终于找到了答案。原来，卡尼亚早期，并不是在父母的爱护下长大的，而是由乡下的奶奶带了三年，因为父母当时正在为工作奔波，与孩子接触的时间较少，卡尼亚长时间和沉默寡言的奶奶待在院子里玩耍，更多的时候是奶奶看着他一个人玩耍或抱着他看电视、发呆等。结果就造成了卡尼亚孤僻、喜静、沉闷的个性，使得他的智力不如同龄孩子，

形成了学习上的障碍。

可见，心理健康对孩子的健康成长有着多么大的影响。当孩子在父母的关爱之下长大时，孩子就会拥有良好、积极的情绪，比如，乐观、开朗、轻松、愉悦等，这些良好的情绪就促成了他们良好的心理活动，从而又激活他们大脑的记忆功能，并增强他们对学习的兴趣和持久性。如此一来，孩子就能朝着身心健康的方向发展和成长。反之，如果孩子得不到家长们的充分关爱、爱护，长期下去，孩子就会形成不健康的心理状态。比如，忧郁、沉闷、发呆、冷漠等，而这会让孩子的思维活跃度降低，记忆力下降，从而影响他们正常的智力发展。

如今社会竞争激烈，心理健康不仅关系着孩子身体能否正常发育，也关系着他们的未来。儿童时期，是培养孩子身心的"黄金期"，因此，作为孩子的第一任老师，家长万不可掉以轻心，如果想要孩子有一个美好的未来，关注孩子心灵的成长和健康是首要任务。当孩子进入学习期时，他们要承受老师的批评、父母的指责、同学的竞争、学习的压力、分数和名次的压力等，这些困难和压力有时候是家长们无法估计的。因此，家长在教导孩子的过程中，一定要多关注孩子的内心活动，不要让他们的心灵受到伤害。

>>> 4. 他们不是"坏"孩子，只是不爱动脑

在日常家庭教育中，家长们为了了解孩子掌握知识的程度，分析孩子有没有进步，会试探性地问孩子一些问题。但这种方式成效并不好，因为一些家长发现，当自己问孩子问题的时候，他们根本不去思考问题，想都不想就冲口说"不知道"。对此，家长们十分担心孩子的智力不能得以提高，甚至家长们情急之下会责备孩子，并为孩子贴上"坏"的标签。

迈克尔是一个成绩很好的学生，每科的成绩都很平衡，有时拿A，有时拿B。父母每周都会向他提一些小问题，测试他学习的进步情况。起初，迈克尔还能很认真地回答，可久而久之，迈克尔就失去了兴趣，因为父母每次问的问题深度都在一个标准上。

所以，当父母再次向迈克尔提问时，迈克尔不耐烦地回答："不知道。"这可急坏了迈克尔的父母，他们以为这是因为孩子退步的关系，才导致他回答"不知道"，因此，父母给迈克尔报了好几个补习班。但迈克尔却拒绝去上补习班，父母生气地责备他，结果孩子变得越来越叛逆，甚至常常跟父母顶嘴。

迈克尔的班主任安·佩拉老师通过其他同学得到消息后，进行了一次家访，对迈克尔的父母说："迈克尔是一个聪明的孩子，我想他并不是因为不懂而不回答问题的，事实上，他的成绩一直没有下降。"此后，父母就改变了对迈克尔提问的态度。

其实，有的孩子不爱动脑筋，并不是说就是坏孩子。有些孩子也

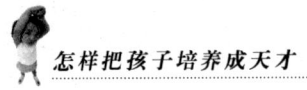
像迈克尔一样，明明什么都懂，却不喜欢回答问题，因为他们认为别人提出的问题太过"儿戏"了，他们不喜欢在知道答案的问题上浪费时间。由此而言，家长千万不要因为孩子"一问三不知"而判断他的好坏，给他贴上标签。其实，通常孩子不爱动脑筋，对家长问出的问题不予思考，都是有原因的，家长们可以分析一下可能存在的原因。

一般，孩子对家长的问题回答"不知道"，往往有以下几种常见的原因：

第一，真的不知道。孩子正处在吸收知识的时期，他们的知识面并不像大人那般广泛，当家人对孩子提问，而他们说"不知道"的时候，可能是因为家长的问题超出了他们所吸收的知识范畴。因此，面对这些问题，孩子只能无力地说"不知道"。

对于不会回答的孩子，家长可以慢慢教，并且以后在提问题的时候，尽量选择一些适合孩子知识能力范围内的题目，不要选择一些超出孩子知识能力外的问题。如果家长总是提一些他们不知道的问题，长此下去，会让孩子产生自己太笨的想法，不仅会使孩子变得缺乏自信，还会伤害孩子的自尊心，致使孩子的心理扭曲。作为家长，应该多陪孩子一起阅读和学习，以提高孩子的知识水平。

第二，懒得思考。孩子可能不喜欢被反复提问，或不喜欢站在被动的位置接受问答，所以，在家长提问时他会直接回答"不知道"，以尽快结束他不感兴趣的话题。

对于这种不喜欢动脑筋思考的孩子，家长们应该好好反省一下，日常生活中是不是把他宠"坏"了，是否经常满足孩子的要求，衣食住行给他最好的，让他变得不喜欢浪费力气思考问题了。如果孩子是因为这样才不喜欢思考的，那么家长们应该适当地放开一下孩子，给他独立处理事情的空间，让他试着解决一些实际的小难题，这样一来，孩子再遇到问题就不会懒于思考了。

第三，不屑回答。孩子很聪明，知道答案，但他觉得这种简单的问题没有挑战性，比起费时、费力的长篇大论，他更愿意直接懒散地回答"不知道"。

如果孩子是因为不屑才回答"不知道"的,那家长不仅不应该生气,还应该窃喜。因为孩子并不是回答不出来才说"不知道",这说明他是一个聪明的孩子,因此,家长应该对孩子掌握知识的能力和水平感到欣慰。家长如果发现自己的孩子是这种情况,就必须换难度大一点的问题,向孩子提问。因为只有让孩子面对艰难一些的问题,才能勾起他的斗志,才能让他习惯动脑子。

第四,自卑心理。在日常家庭教育中,家长对孩子的教育态度太过严厉,孩子就会有所畏惧,不敢贸然回答家长的问题,害怕答案不对受到责备,因此,孩子面对家长的提问时会认为,说"不知道"更容易获得宽恕,也能避免答错受到惩罚和责骂。孩子之所以会这样,是因为在家长严厉的家庭教育模式下,养成了懦弱、自卑的性格。

对于具有自卑心理的孩子,家长应该采取"急救措施",用平等、温和的态度对待他,与他建立良好的信任关系,鼓励他说出内心的想法,并给他一种"即使说得不对,我也不会责骂你,甚至还会表扬你"的信息,从而让孩子放下戒心和惧怕心,勇敢大胆地把答案说出来。

那么,如何判断孩子究竟是真的不会,还是聪明却不想回答呢?家长们可以通过观察孩子的学习情况和生活态度来了解。因为在老师和同学面前,为了展示自己的上进心,孩子会在小伙伴面前尽量表现自己知识渊博的一面,不会隐藏自己的实力,所以细心的家长们,一定能发现孩子属于哪种情况,进而采取对应的措施。但无论怎样,孩子不爱动脑都不能说就是坏孩子。

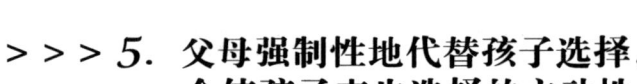
>>> 5. 父母强制性地代替孩子选择，
会使孩子丧失选择的主动性

绝大部分孩子的成长轨迹被父母和社会普遍的成才标准约束着，殊不知，父母强制性地代替孩子选择，会使孩子丧失选择的主动性。比如，孩子读什么书，上哪些补习班，今天应该学习什么等，孩子都得按照父母的"规章制度"去学习、生活、成长，时间一长，他们的独立能力就会越来越差，成为家长的"傀儡娃娃"。这其中主要有以下几个原因：

第一，家庭的基础教育资源各不相同，优质教育问题长期得不到完善的解决，使孩子们提前进入竞争期。比如，家长要求孩子在学校和其他同学竞争成绩、名次、分数等。在美国，虽然大学阶段的竞争尤为激烈，但在低年级阶段的教育却是快乐的，因为他们提倡完善以及达到基础教育资源的均衡状态。

第二，如今的家长们普遍存在信奉自己认定的"成才观"，相信自己的选择是正确的，并为孩子安排了自认为最好的一切。比如，为孩子选择就读的学校；哪门功课需要补习，帮孩子报补习班；孩子以后应该学什么专业，为他们提前选择……家长们的这种"操纵"，很容易让孩子丧失选择权和自主权。其实，家长们的心情是一样的，都希望孩子能够从一开始就处于领跑的位置，希望他们不输在"起跑线上"。但家长们需要好好地反省，当设定孩子的发展方向——"希望孩子跑向何方"的时候，有没有征求过孩子的意见，问没问他们想要跑到何方，是快乐、健康地跑着，还是压抑、沉闷的跑着？

第三，家长们亟需科学教育的理念。家长们需知道，通过研究数据表明，"天才儿童"只占儿童总数的 2.5%，其他儿童都是普通智力水平，应慢慢引导、教养来提高孩子的智力。如果家长们明白这一点，对孩子"操纵"的态度就会有所收敛。

由于家庭环境不同和家长教育态度不同，孩子受到的"操纵"情况也各有不同。美国儿童教育专家曾统计"孩子的课余时间都如何支配"，在调查了近千名孩子后，得出的结果是，课余时间，孩子 63% 的时间要去补习班，17% 的时间要写作业或做习题，15% 的时间看书或复习功课，只有 5% 的时间可以自由支配。难怪大部分孩子都有自主选择和支配的渴望，事实上，家长们也了解孩子的这一渴望，但是家长基本不会满足他们。

孩子是一颗幼苗，在成长和学习过程中会遇到很多问题。作为孩子的第一任老师，家长应该做的不是把这颗幼苗压弯腰，而是为幼苗修剪枝桠，让其生长得更茂盛、更笔直。要知道，孩子只有从小打下坚实的基础，才能有足够的力量和勇气面对未来的人生之路。因为孩子在成长的道路上，将会面临很多选择。如果家长一直剥夺他们的选择权，他们就会丧失选择的能力，在以后的人生道路上面对选择时，就会盲目、不知所措。

在孩子的每一个成长的阶段，不仅身体发展有目标，心理发展也同样有相应的目标。孩子在每一个阶段的能力都在变化和提高着，选择能力也不例外。对此，家长要根据孩子心理发展的阶段，给予孩子正确的引导，以促进孩子身心健康的发展。在这一系列引导中，最重要的莫过于培养孩子独立自主"选择"的能力。"选择"不只是简单的选，而是要在选的过程中体现孩子的主动性，要让他们自己找出哪个是对自己有利的，从而做出正确的选择，这才是良好的选择能力，这也是家长们应该注重培养的内容。那么，如何增强孩子的选择能力呢？

首先，培养孩子愉快选择情绪的体验。许多孩子没有主动性和积极心，就是因为没有从选择上体验到快乐，而有些孩子对家长为自己选择的一切安然享受，因此也就越来越没有自主性，甚至导致孩子产生心理缺陷，缺少自我认同感等。而家长们需要做的并不是为孩子作选择，而是要了解孩子的心理特点，引导孩子自己作正确选择，从而培养孩子的自主能力。比如，陪孩子逛商场购物或玩具店时，往往孩子都会同时看上两个或多个物品，这个时候，家长可以和他一起谈论哪一个更适合他，让孩子在选择的同时，还能体验到快乐，这样会使孩子从中受到愉快的感情影响。

其次，有时候孩子放弃主动权，不去选择是因为缺乏自信，怕自己选择不好。这个时候，家长需要培养孩子的自信心。对于自信心比较弱的孩子，家长更应该给予更多的关爱和帮助，可以让他们做一些简单的选择，明辨选择条件的利弊，使他们体验自主性乐趣的同时，还能看清自己本身存在的性格缺陷。

而随着孩子的成长，他们开始慢慢注意别人对自己的评价，尤其是家长和老师。因此，家长应高度重视对孩子的评价，不要在孩子释放自主性的时候打击他。也就是说，当他选择的是错误的结果时，家长千万不要指责孩子，这样会打击孩子选择的兴趣，甚至会导致孩子患上"心理选择性恐惧症"。

最后，家长要尊重孩子的选择。家长要知道，孩子虽然年龄小，但他们也和成年人一样有很强的自尊心，因此，家长们应根据孩子心理需求和兴趣，让他们主动选择去做自己喜欢的事情。可以说，家长只有尊重孩子，抱着平等对待孩子的态度，以理服人，孩子才会乐于接受家长们。

总之，家长要给孩子选择权，不能让他们成为"傀儡娃娃"。

> > > *6.* 孩子发脾气时家长怎么办

古希腊科学家亚里士多德曾说过："发脾气是正常情绪现象。"美国著名的心理学家丹尼尔认为，一个人的成功只靠 20% 的智商，剩下的则是情商。也就是说，一个人的成功和他聪明与否并无多大的关系，主要是看他能否管理和控制情绪，以及能否善用情绪所带来的正面意义。因此，家长要培养孩子控制情绪和善用情绪的能力。

在日常家庭教育中，很多孩子都无法控制和管理自己，总是情绪易变，易发脾气。因而，许多家长很烦恼，甚至常常会听到家长们说"我家小家伙，人不大，脾气倒不小"。为此，美国"家庭教育协会"曾做过一项调查，结果显示，孩子们最让家长厌烦的行为中，乱发脾气排在首位。事实也确实如此，孩子的情绪，就像六月的天，说变就变，常常让家长们手足无措。

越年幼的孩子情绪变动越大，也越频繁。比如，2 到 5 岁的孩子比 6 到 10 岁的孩子更喜欢发脾气，而 6 到 10 岁的孩子又比 10 到 15 岁的孩子更爱发脾气，年龄越大，孩子控制和管理情绪的能力也就越强。这是因为，孩子在成长过程中，逐渐产生了独立意识，但语言的表达能力有限，以致他们无法通过语言明确、清晰地表达出自己的内心，所以只能用发脾气，来表达自己内心的不满和渴望。而当孩子发脾气时，家长就会紧张，当孩子们感觉到这一点的时候，他们就会利用发脾气对家长进行要挟，以满足自己的愿望。总而言之，乱发脾气是每个孩子成长过程中的必经之路，也是孩子产生独立意识的一个信号。

一天，小兔子从幼儿园回到家后，兔妈妈就张罗晚饭，让小兔子独自去玩耍。可是，没过多久，小兔子就跑到兔妈妈跟前，嚷嚷道："妈妈，我要你跟我一起玩！"

兔妈妈对小兔子说："乖，自己去玩吧，妈妈还要做饭呢。等一会儿爸爸回来了，又累又饿，如果没有饭吃，他会伤心的。"

小兔子说："不要，不要，我就要妈妈跟我玩。"但兔妈妈一直拒绝陪小兔子玩耍。于是，小兔子开始乱发脾气，大哭大闹，甚至还把茶杯摔碎了。兔妈妈看着满脸泪痕的小兔子，虽然很心疼，但又不能放下手边的活，因此，它只好狠下心不理小兔子，在厨房里继续烹饪饭菜，任由小兔子哭闹。

过了一会儿，兔妈妈听到小兔子的哭闹声突然停止了，它悄悄地走过去，观察了一下小兔子，发现它正抱着一个布娃娃，对布娃娃说道："妈妈要做饭，没有时间和我玩，你陪我玩好不好？"布娃娃无法回答，接着又听小兔子说道："你不说话，就是默认了，那我们开始玩吧！"

由此可以总结出一条经验，那就是：当孩子乱发脾气时，不妨试试冷处理。也就是说，面对乱发脾气的孩子，最好的办法就是不予理睬，不要放下手边的活去哄孩子，因为那样只会助长孩子发脾气的嚣张气焰。因为家长表现得越是在意，孩子的情绪只会越不可收拾，甚至脾气越闹越大。所以，帮助孩子摆脱乱发脾气的坏习惯，最好的办法就是冷处理，如此一来，孩子就会觉得发脾气是在浪费时间，大哭大闹，只会让他们身心疲惫。当他们失去了观众后，自然就会觉得发脾气是没有用的，因此就会停止发脾气的行为。

美国著名的儿科医生 T. 贝利·布莱泽顿曾说过："你越试图减轻孩子发脾气的行为，孩子的这种暴躁情绪持续的时间就会越长。"因此，当孩子乱发脾气时，家长可以采取冷处理的方式，这样才不会助长他们这种不良的行为。也就是说，当家长表现出"即使你一直哭闹，我也不会改变态度"的信息时，孩子们就会明白自己发脾气是毫无用处的，

于是也就不要发脾气了。当然,冷处理并不是简单地不理孩子就可以了,它也是有技巧可言的,家长们需要掌握以下几点:

(1)置之不理。

孩子有时候乱发脾气是为了吸引家长的注意力,以达到自己的要求。这时候,家长不可对其打骂和责怪,只要采取置之不理的态度即可。当然,有时候孩子发起脾气来,会叫嚷或摔东西,这时候,家长不能因为他这种狂躁的行为而生气,应坚持不理的原则,并表达出自己可接受的底线,让孩子明白"什么可以做,什么不可以做"。比如,让孩子知道如果自己打坏东西,会受到惩罚,或有意识地让孩子了解破坏东西发泄是不对的行为等。

(2)语言引导。

孩子发脾气是因为他们语言表达不够完善,因此,家长可以告诉孩子,如果生气时,可以说一些"我生气了"、"我很气愤"、"我很沮丧"的话语,让孩子用语言而不是发脾气来表达自己的情绪。如果孩子能很好地控制自己的情绪,或是在家长语言的引导下没有选择用发脾气发泄情绪,那家长就应给予孩子表扬,并对他进行精神鼓励。

(3)不要一起发脾气。

当孩子乱发脾气时,家长往往也会大发雷霆,并对孩子发脾气,这样无异于火上浇油,只会让情况变得越发不可收拾。因此,当孩子发脾气时,家长一定要控制好情绪,让自己冷静下来,理智地对待孩子的不良行为。

当然,孩子发脾气的原因很多,家长可以根据实际情况,采用不同的态度和方法对待。可以说,只要选择适合自己孩子的那种"冷处理",就能把孩子的"心火"灭掉,使孩子的心理趋于平衡。

>>> 7. 夫妻感情不和，将给孩子带来一生的负面影响

　　孩子是十分脆弱的，很容易受到伤害，也很害怕受到伤害。由于孩子是在父亲和母亲共同的爱护下成长的，如果夫妻感情不和，就会使孩子的感情天平失去平衡，会让孩子的世界一片黑暗，进而使孩子感到痛苦，甚至会让孩子产生心理阴影。

　　对正处在成长期的孩子来说，他们正是感受爱的时期，而家是使他们感到温馨的港湾。如果父母不能给他们一个温馨和充满爱的环境，让他们感受不到任何关爱，他们就会很痛苦，这可能就会使他们对自己的人生以及生活感到失望。虽然孩子知道父母是爱自己的，但看到父母不和睦的情景，即使孩子不表露出来，心里也会偷偷伤心。

　　一天，罗蒂接到儿子班主任的电话，匆忙来到了学校。原来，6 岁的儿子和班上的一个小女孩发生了争执，并动起了手——儿子不仅扯掉了小女孩几缕头发，还扯掉了女孩的一块头皮。目前，女孩的父母已经把她送到医院去了。因为情况比较严重，所以班主任不得不通知罗蒂。

　　班主任对罗蒂说："罗先生，我希望您能好好地教育一下您的儿子，因为他最近总是上课不专心听讲，脾气很暴躁，经常与同学们发生口角，而且语言带有攻击性。"

　　其实儿子刚上学时，是一个乖巧听话的孩子，学习成绩一直没有让父母担心过，为此罗蒂感到很欣慰。但罗蒂无法得知儿子从什么时候开始变成了现在这样，因此心情不佳。

　　罗蒂并不想因为儿子的错误行为，就采用暴力教育手段，他开始调整情绪，让自己冷静之后，用尽量平和的语气问儿子："你知道你的行为伤害了别人吗？"

儿子撇撇嘴："是，可是……"

罗蒂听到儿子说"可是"，心里很气愤，打伤了别人，竟然还想为自己找借口，他当下就打断了孩子的话语，并用冷淡的语气说："可是？你究竟知不知道自己犯错了？你是一个男孩子，怎么可以对女生动手，如果你不为自己的行为思过的话，那么我会对你很失望。"

儿子不服气地叫嚷道："可是，前天晚上，我看到你和妈妈吵架的时候，你也用手抓她的头发了啊，妈妈还哭着说好痛呢。"

罗蒂怔住了，原来前天晚上和妻子吵架动手的画面被孩子看到了。因此，他此刻才明白，自己的行为对儿子造成了严重的影响，而儿子和女同学动手的行为，只是在模仿自己，这让他感到吃惊的同时，又感到非常愧疚。于是，他蹲下身子对儿子说："对不起，那天其实我也做错了，但我希望你以后能改正错误。我们以后相互监督，好吗？"罗蒂的话，让儿子知道自己的行为是错误的，他向罗蒂保证以后再也不打架了。

在现实生活中，一些夫妻感情不和，使得日常生活中争吵不断，影响了孩子的性格和心理健康成长，使孩子形成了忧郁、内向、自闭、自卑、不合群等不良性格和心理特征，甚至还有些孩子在家中经常看到父母争吵，语言和行为上就会带有攻击性，以至于这样的孩子不能与他人和平相处，一言不合就骂同学，甚至对同学大打出手，而这甚至可能会影响孩子将来的婚姻生活。

可以说，孩子是很好的模仿者，身边的人"出口成脏"，他们也会学会那些话；看到父母动手，他们也会变得爱打架、爱发脾气等，而还有些孩子会变得懦弱、自卑、胆怯等。因此，家长要注意，家庭矛盾最好不要当着孩子的面解决，更不能在孩子面前动手、打架、摔东西。俗话说"榜样的力量无穷大"，家长要在孩子面前树立一个良好、正面的形象。

事实证明，家长的社会和生活行为，言谈举止，对孩子来说，就像一场充满教育意义的"电影"，对孩子有着直接的影响。通过这场"电影"，孩子是学到好的习惯，还是坏的习惯，都要看电影的主角，也就是孩子的父母，如何演好这场生活的"电影"。然而，人无完人，每个家长也都有缺点，也可以说是有不良的习惯和行为。而家长们为了使自己成为孩子学习的榜样，就应该不断地进行自我完善，不断地改进不足之处，通过学习加深自身的品质修养。

一般而言，家长们可以从以下几点中要求自己：

（1）父母之间要做到相亲相爱，和睦团结，即使偶尔发生口角，也不要当着孩子的面争吵或动手。

（2）放下身为孩子家长的"大人架子"，不要对孩子说"大人的事，小孩少管"。如果夫妻两人发生矛盾，也要让孩子参与到评判对错中来，在孩子面前要做到有错必改，让孩子形成一种"犯了错就要改过"的良好意识。

（3）家长要说到做到，如果做不到就不要在孩子面前夸下海口。在孩子面前做到言行一致，让孩子知道一个人能力有多大，就应该告诉别人自己能达到什么高度，不要自大，更不能随便对他人发脾气。

（4）家长应该解放"怕孩子受伤"的思想，拆除孩子的保护栏，让孩子多见识外面广阔的世界，开拓孩子的眼界，不要让孩子的世界只局限于家庭和学校之间，让孩子多一些锻炼和历练，在实践中磨炼成长。这样，家长在解决夫妻问题时，也能把对孩子的伤害降到最低。

其实，孩子思想上的误区，大部分和父母的行为有关。因此，当孩子出现不良行为时，家长要进行自我反省——孩子就像家长的影子，他们会关注并模仿家长的一举一动。总之，为了让孩子健康地成长，家长要不断完善自我，让孩子在一个温馨和谐的家庭中健康、快乐地成长，从而使孩子拥有健康的心理。

第八章

只有能够战胜挫折的孩子，才能拥有更美好的明天

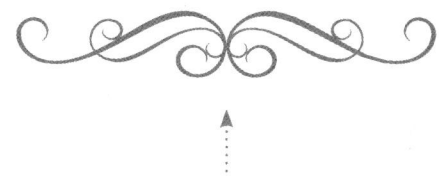

教育技巧的全部诀窍就在于抓住儿童的这种上进心，这种道德上的自勉。要是儿童自己不求上进，不知自勉，任何教育者就都不能在他的身上培养出好的品质。可是只有在教师首先看到儿童优点的那些地方，儿童才会产生上进心。

——苏霍姆林斯基

一切学科本质上应该从心智启迪时开始。

——卢梭

即使是最好的儿童，如果生活在组织不好的集体里，也会很快变成一群小野兽。

——马卡连柯

集体生活是儿童之自我向社会化道路发展的重要推动力；为儿童心理正常发展的必需。一个不能获得这种正常发展的儿童，可能终其身只是一个悲剧。

——陶行知

> > > *1.* 别怕孩子吃苦——挫折教育是孩子的成长阶梯

　　面对现在孩子任性、独立性差、依赖性强的问题，很多人提出了挫折教育。但是，大部分人认为挫折教育就是让孩子受点苦，从而忽略了从心理上引导孩子正确面对挫折的心理。

　　1832 年，亚伯拉罕·林肯失业了。面对这次失败，林肯决定以后做个政治家，因此他参选了议员，但遗憾的是他落选了。接着，林肯开始自己创业，开办工厂，但是不到一年，工厂倒闭了，并且欠下了许多的债务，以至于在这之后的 17 年里，他都必须为这些债务而奔波。

　　但当他再一次参选议员的时候，他竟然选上了。这给了他一丝希望，他觉得他的人生要开始改变了。但不幸的是，在这段时间里，他即将结婚的爱人病逝。爱人的离去给林肯带来了巨大的打击，他曾经意志消沉了好长一段时间。1936 年，他卧病在床，并得了神经衰弱。

　　直到 1838 年，林肯的身体才有所好转，于是他再一次参选了议员，但又失败了。1843 年，林肯继续参选议员，仍然是失败。面对一次又一次的失败，林肯没有放弃。1846 年，他参选议员终于成功，但是在两年后连任选举的时候，他又落选了。在这种情况下，林肯便申请做当地的官员，但是政府觉得林肯条件不足，拒绝了他。在这之后，他又接连经历了三次竞选失败。然而在 1860 年，林肯竟然成功地被选为美国总统。

　　由此可见，一个人面对挫折的心态，决定了挫折能带给他什么。在家庭教育里，家长在孩子面对挫折时的做法就决定了孩子是越挫越勇，还是先去面对挫折的勇气。

科学家做过这样一个实验：科学家把跳蚤装进一个不是很高的杯子里，跳蚤很容易就跳了出来。这样重复了几次之后，科学家在杯子上面盖了一个盖子，跳蚤在跳的时候就会撞在盖子上。开始的时候，跳蚤每一次的跳跃都会撞到盖子，慢慢地，跳蚤学聪明了，它根据盖子的高度找到了适合它的高度，每次跳跃它都不会让自己撞在盖子上。

过了一段时间，科学家把盖子拿掉，但那只跳蚤却不能蹦出杯子了——因为它跳不到原来的高度了。一周以后，它依旧还在杯子里。

生活中有很多人都是这样，他们在前进的道路上遇到了很多的困难与挫折，屡试屡败。多次的失败以后，他们便不追求成功了，而是心甘情愿地过上了失败者的生活。面对这样的事情，家长应该怎样指导孩子呢？

（1）以名人为榜样引导孩子。

榜样的力量是无穷的。孩子在小的时候，总是喜欢模仿他身边的人，而别人对待事情的态度会潜移默化地影响孩子面对同样事情的态度。自古以来，成就显赫的人很少有一帆风顺的，他们大多经历过很多苦难与挫折。

所以，当孩子遇到挫折的时候，可以用一些名人的故事，再结合孩子自身的情况，对孩子进行引导教育，来激励孩子战胜挫折。

（2）教育孩子直面挫折。

当孩子遇到挫折的时候，很多家长会安慰孩子，说孩子是最棒的。但是，这样的话语会让孩子把自己的失败归咎于别人的身上，长此下去会产生心理扭曲，甚至对社会产生危害。所以，当孩子遇到挫折时，家长应该告诉孩子这是生活中的正常现象，并指引孩子寻求解决挫折的方法。

（3）帮助孩子确立目标。

对孩子来说，适度的挫折能够锻炼孩子的心智，但过度的挫折会打击孩子的自信，让孩子产生恐惧。所以，家长在对孩子进行挫折教育的时候，要根据孩子自身的特点设立合适的目标，不要把要求定得

过高，要让他们在努力中达到目标。

（4）教孩子欣赏成功者。

在孩子受到挫折的时候，有些家长为了让自己的孩子高兴，会故意贬低别人，而这样的行为会影响孩子面对挫折的态度。家长应该指引孩子分析自己失败的原因，并教会孩子欣赏那些成功者。当孩子学会正确地看待成功者，找到自己与成功者的差别时，他们就会在对比中进步。

（5）鼓励孩子争取下一次成功。

鼓励，是孩子在遭遇挫折时最需要的东西。当孩子面对挫折想要退却的时候，家长要鼓励孩子勇敢上前。而最有效的鼓励方法莫过于以身作则，所以当家长在批评孩子经受不了挫折的时候，不妨问一问自己，在教育孩子的时候，有没有身体力行教会孩子面对挫折的方法。

> > > 2. 告诉孩子跌倒了要勇敢地爬起来

在哪里跌倒就在哪里爬起来，这是面对挫折的正确态度。所以，在孩子遭遇挫折时，家长一定要让他们有这样的意识。谁的人生都不可能是一帆风顺的，总有跌倒的时候，而一个人跌倒之后能否及时爬起来，将决定着这个人将来能否取得成功。

克里蒙·斯通是美国联合保险公司的董事长，是美国最大的商业巨头之一，被人们称为"保险业怪才"。与现在安逸、富足的生活不同，斯通有一个不幸，甚至有些落魄的童年。斯通很早便失去了父亲，一家人只能靠母亲为别人补衣服换来的钱过日子。因此，斯通在很小的时候便出去卖报纸以赚钱补贴家用。

有一次，他进了一家餐馆卖报纸，被餐馆老板赶了出来。但是，他并没有因此离开，而是趁着餐馆的老板不注意，又溜了进去。餐馆老板发现以后很是生气，不仅把他轰出了餐馆，还没收了他的报纸。但他却回去拿了更多的报纸，依旧趁着餐馆老板不注意，溜进了餐馆。餐馆的客人看见斯通如此坚持，就劝老板不要赶他出去，并且买了他的报纸。这种遭遇挫折后坚强地爬起来的精神一直跟随着斯通，从而使他在后来成为了商业奇才。

斯通上了中学之后，为了补贴家用，开始尝试推销保险。在推销保险时，他抱着小时候卖报纸的心态走进了一栋办公楼。面对一间间的办公室，斯通没有胆怯，没有给自己害怕和放弃的时间。虽然那一天只有 2 个人在他这里买了保险，这种结果无疑是失败的，但是这次

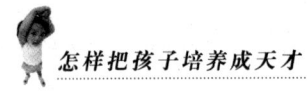
的失败却让他了解了推销的方法，以至在第二天他卖出了4份保险，第三天卖出了6份……在斯通二十岁的时候，他便成立了一个保险公司。1938年，斯通便成了一位资产过百万的商人。

其实，很多人在跌倒后都想爬起来，但是在爬起来之前他可能会产生"我做不到"、"我不行"等想法。而这样的消极想法不仅会让人没有自信，还有可能会影响他的一生。

对此，心理学家做了这样一个实验：把一个装有鲤鱼的透明水箱放进养着梭鱼的水箱。梭鱼发现鲤鱼后马上向鲤鱼发起了进攻，但是梭鱼却撞在了玻璃壁上。尝试几次后，梭鱼便不再攻击鲤鱼了。这时候，实验者把装鲤鱼的玻璃水箱拿掉，即鲤鱼与梭鱼处于同一个水箱了。鲤鱼在水箱里自由地游动，但是梭鱼依旧不攻击它们，即使鲤鱼在离梭鱼很近的地方游动。几天以后，梭鱼就因为没有食物而饿死了。

这条梭鱼正是因为失败的打击，让它丧失了信心，结果无视周围美味的食物，使自己饿死的。斯通曾说过："人创造的一切都是以思考作为起源的。"也就是说，成功的人生是从思想开始的，是从信念开始的。而人们之所以会失败，主要是受人们产生的悲观情绪的影响。总体来说，悲观情绪可以分为以下几种：

（1）缺乏耐心。

有人把耐心理解为被动的忍受，其实这不正确。真正的耐心是在成功到来前，忍受失败而又不失主动。失败就像黎明前的黑暗一样，耐心就是能够有熬过黑暗的力量。任何事情都不是一帆风顺的，人们难免会遇到各种各样的挫折，而在成功没有来临的时候，要拿出自己的忍耐精神，耐心地等待成功的到来。

（2）在困难面前怀疑自己的能力。

消极的态度会让人认不清自己的真实能力，而一个人不能正确地认识自己的才能，才是经常失败的原因。事实上，每一个人都有无限的潜力，只要人们有自信，就能让自己产生自尊和希望，而这些是人们成功的必要条件。所以在成功之前，一定要相信自己，认定自己一定能取得成功。

（3）因为失败而有阴影。

许多人很怕失败，但是生活中的失败无处不在，一些人面对失败时，退却了，以后再面对同样的事情时，就会变得犹豫不决。而在成功人眼里，失败则是成功的钥匙，没有失败，他们是不会取得成功的。

挫折对不同的人有不同的意义：对勇者而言，挫折是成功的垫脚石；对弱者而言，挫折则是万丈深渊。挫折是对人的意志的考验，我们在逆境中的表现决定了我们能否成功。可以说，那些成功的人都是在挫折和失败面前不屈服的人。因此，在孩子遭遇挫折时，家长一定不要给予孩子过多的帮助，而应引导孩子独立战胜挫折。

作为家长，有必要让孩子明白在追求成功的道路上一定会有失败和挫折，想要成功就一定要有跌倒后站起来的勇气。总之，在孩子遭遇挫折之后，家长一定要让孩子自己站起来。

> > > 3. 远离娇气
——教你的孩子承受住挫折的考验

美国哈佛著名的心理学家戴维斯教授曾对近千名成功人士和失败者进行过调查研究，结果表明：人的成功和失败与家庭教育息息相关。因为，家庭是教育孩子的重要场所，父母是孩子的第一任老师，他们对孩子能否全面、健康地成长起着决定性的作用。因此，家长们只有掌握了科学、健康的教育方式，孩子才能快乐、健康地成长。

如今的孩子，绝大部分都是"小皇帝"，他们的生活，可谓是多姿多彩，应有尽有。在家中被众星捧月般的爱护着，特别是独生子女，只要他们有什么需求，家人总是想方设法满足，生怕他们不开心。而在孩子小的时候，能动手做的事，家长却不让其动手。孩子长大后，家长让孩子动手的时候，孩子却又不知如何动手了。

家长对孩子的"包办替代"，容易使孩子丧失自我的行动力。当家长把孩子应当做的事都做了之后，会导致孩子动手能力越来越差，最后什么都不会做。家长的这种行为不仅剥夺了孩子锻炼生存技能的机会，甚至因为家长的"包办替代"，在孩子的身上还出现了一些"怪异现象"：某城市的一所小学里，一名四年级的小男孩连剥鸡蛋这种简单的事都不会。可见，家长还没有意识到剥夺孩子体验挫折的机会带来的严重后果。

有一天，农夫带着一头驴子去耕地，驴子不小心掉进了一口枯井里。农夫找来了绳子，想把驴子拉上来，但他的力量有限，根本拉不动比他更重的驴子。几个小时过去了，驴子还在枯井中哀嚎着，农夫绞尽脑汁也没有想出好办法救出驴子。最后，农夫想："这头驴子已经老了，即使大费周折地把它从枯井中救出来，估计也活不了多久了，可它这样一直痛苦地嚎叫着，真让人于心不忍，还是把井口填起来吧，这样不但能帮驴子解决痛苦，还能避免别人掉进枯井中。"

于是，农夫拿起铲子往枯井中铲土，而这头驴子感觉到农夫已经准备放弃自己了，嚎叫得更凄惨了。但不一会儿，它就止住了嚎叫声，因为它觉得再如此叫下去，自己一定会死在枯井里的，所以它只好行动起来，以免自己葬身枯井。

农夫听到刚刚还惊叫不已的驴子，突然间安静了下来，好奇地伸头向枯井里张望，驴子的反应让他大吃一惊：当他向枯井里铲一下土后，驴子就把身上的土抖落下来，然后站在土上将土踩结实，如此往复，这只驴子就慢慢地从枯井中露出了身子，然后在农夫惊讶的表情中，驴子从枯井中走了出来。

就像驴子的情况一样，在孩子的人生中，总会出现意想不到的困难，如果孩子不具备承受挫折的能力，很可能会让孩子的身心受到伤害。有些家长可能会说"我不会让这种情况发生，我会一直陪着我的孩子"，但真的能够如此吗？孩子的路总要自己走，任何人都不能代替他走下去。并且，家长总有一天会离开孩子，到了那个时刻，孩子又该如何呢？

心理学家戴维斯教授曾说过："挫折是人生的一笔财富。"失败和挫折可以使人沉沦，但也可能造就人们坚强的意志，成就坚强、勇敢的人格。挫折是人生的良师，它能让孩子学会坚强地面对困难，能让孩子学会用积极的心态对待一切问题，培养孩子勇敢的人格和坚强的意志，从而让孩子不畏惧社会竞争的激烈。因此，孩子如果具备了坚强、勇敢的行动力，在以后的道路上，他们也就能轻松地化解各种困难。所以，家长应当有意识地培养孩子承受挫折的能力。让孩子在日常生活学习中，体验挫折，经受挫折的考验，以此来培养他们坚强、勇敢

的意志和行动力。

在法国有一所"鲸鱼学校",和其他学校不同,它是一所非常特殊的学校。据说,法国的一些父母把自己的"问题孩子"送进这所学校之后,仅仅一年的时间,几乎每个孩子都发生了实质性的变化:先前连衣服都不会洗的孩子,回来之后能自己动手烹饪饭菜;原本只知道衣来伸手饭来张口的孩子,如今懂得勤俭节约;往日调皮捣蛋的孩子,如今能老实、认真地坐在课堂里看书……有的人不禁要问,这里的老师都是教授吗?但每月的学费只有1500法郎,根本不够教授的"出场费"。这所学校根本没有校舍和教授级别的老师,这所学校的教室竟然在船舱里。

原来,这所学校实行的教育方式和别的学校不同,学生们不用面对考试和作业,但要乘上船,在无人的岛屿上,以及艰苦的环境中学会生存,完成一些特殊的课程。比如,野外生存,自己寻找野果,练习做饭,集体潜水捕鱼……同时,他们还要对每天的生活进行讨论和总结。一年之后,他们就会具备这些能力:自足自给,不畏风浪,洗衣做饭,忍饥挨饿……

心理学家戴维斯教授说过:一个成功的人,与他的智商并不能成正比。也就是说,成功的人智商不一定高,而失败的人智商不一定就低。但意志力和面对困难时的坚强程度,却与人的成败有着明显的关系。可见,挫折教育对孩子的成长产生着不可忽视的影响。如果孩子凭借自己的能力和意志力,在面对问题时,能努力解决,在体验劳动成果的喜悦时,还能学到不少的知识。

>>> 4. 适当给孩子一些挫折，让孩子体验自己的错误

很多人都害怕遇到挫折，而孩子是家长的掌中宝，所以家长更不愿意自己的孩子受哪怕一点挫折。但是，现实是残酷的，父母不可能一辈子都陪着孩子。所以，孩子在长大后也总要学会一个人面对挫折。事实证明，小时候没有受过一点挫折的孩子，在长大后同样不能承受挫折。所以，现在的家庭教育中越来越多的家长开始提倡挫折教育。家长在对孩子进行挫折教育的时候，首先要认识到童年时期正是孩子形成个性的关键时期，让孩子尝一尝生活的艰苦，学会面对挫折，这将是孩子们一生的财富。

其次，挫折教育是让家长放下对孩子的保护欲，让孩子自己去做些事情。即使孩子在这个过程中摔倒了，也不要急急忙忙去扶，要让孩子自己站起来。

最后，就是在孩子受到挫折以后要及时地引导孩子走出失败的心理阴影。据调查显示，目前有心理疾病的小学生中有百分之三十都是因为小时候经历挫折时，没有得到正确引导造成的。

罗伯特·巴雷尼是 1914 年诺贝尔生理学和医学奖的获得者，而就是这样一个伟大的人物却有着一个很悲惨的童年。

巴雷尼小时候因为生了一场大病，导致了他身体上出现了残疾。他的母亲很心疼他，但她知道此时巴雷尼最需要的是鼓励和帮助，而不是自己的悲痛。于是，她对巴雷尼说："孩子，妈妈相信你是个坚强的孩子，虽然现在你的双腿有些问题，但是我相信经过努力一定会好

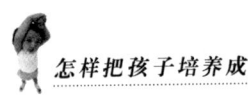

起来的，你一定可以用你的双腿走完你的人生。你能答应妈妈，好好治疗吗？"

此时的巴雷尼十分消极，自从双腿残疾后就觉得生活没有了意义，即使医生多次告诉他，他的腿经过训练能够走路，但是巴雷尼根本就不相信，他觉得他的人生一片灰暗，所以一直消极地抗拒治疗。听到母亲的话后，压抑了多天的巴雷尼扑到母亲怀里哭了起来，哭过之后，他决定接受康复治疗。

在他接受康复治疗之后，母亲每天都帮助巴雷尼练习走路，常常累得满头大汗，即使她生病了，也没有间断过。慢慢地，巴雷尼的双腿有所好转——他能勉强走路了。母亲面对挫折的态度深深地影响了巴雷尼，让巴雷尼接受了现实，于是他开始努力学习，最后以良好的成绩考入了维也纳大学医学院。大学毕业后，巴雷尼认真研究耳科神经学，于1914年获诺贝尔生理学与医学奖。

由此看来，挫折能让孩子更快地成长。那么，家长应该怎样对孩子进行挫折教育呢？

（1）树立正确的挫折教育观。

很多家长认为，孩子还小，现在接受挫折太早。但事实证明，孩子越早接受挫折，就能越早地成长，而每一次战胜挫折的过程都是孩子成长的过程，有助于孩子长大以后正确地面对挫折。

因此，家长要清楚挫折教育的意义，不要把挫折教育认为只是让孩子吃点苦。家长尤其要注重的是，孩子心理上的挫折教育的培养。

（2）让孩子感受挫折。

如今，大多数孩子都是独生子女，很多家长对于孩子的要求都会尽量满足，哪怕孩子提的是一些无理要求。这就让孩子养成了任性、自私的性格，并让孩子产生了"只要自己想要的就一定该得到"的想法。其实，父母的这一做法对于孩子来说是非常有害的。

人生中的事情，十之八九都是不如意的。孩子在小时候生活得顺风顺水，长大后又怎么能有面对挫折的耐心和能力呢？所以，平时父母应该适当地为孩子创造一些不顺心，以让他们体会挫折。

（3）给孩子适当的鼓励。

孩子在遇到挫折的时候，难免会意志消沉。这时候，家长要做的就是给孩子适当的鼓励，鼓励他们走出失败的阴影。通常，父母的鼓励是孩子克服挫折的关键。

这是一个竞争的年代，人们都在寻找成功的方法。而做父母的给孩子最好的爱就是教会他们如何成功。正因为成功是由一次一次的失败堆积而来的，所以父母要想让自己的孩子成功，就要从小教会孩子如何应对失败。

（4）对孩子的失败，父母要做到"袖手旁观"。

很多父母都因为不忍心看到自己的孩子受挫，于是在孩子碰到困难的时候，马上就会上去帮忙。这些虽然是父母爱孩子的表现，但又何尝不是害孩子呢？孩子在碰到困难的时候总是有人为他解决，渐渐地，他便认为自己可以无所顾忌地犯错误，从而导致孩子将来犯更多的错误。父母毕竟不能陪伴孩子一生，而孩子在这样的教育下，不知道如何面对挫折，在以后面对挫折的时候就很容易会被打倒。

其实，失败者并不意味着是弱者，只要失败了能够重新站起来，就是真正的强者。所以，在孩子遇到挫折的时候，父母不妨在一旁做一次看客，让孩子自己去体会挫折，认识挫折，并从中学习面对挫折的方法。父母要知道，不让孩子体验挫折就等于是不让孩子见到阳光和雨露。

>>>5. 不要剥夺孩子体验失败的权利

现在的孩子大多是集万千宠爱于一身，因而养成了任性、脆弱、独立性差的性格。当孩子有了困难，有了挫折，家长第一件事就是冲在孩子前面替他遮风挡雨。但是，家长们有没有想过，你可以为孩子暂时铺平道路，如果你不在了，他们该怎样面对接下来的挫折与困难呢？

在一条大道上，一个劫匪盯上了一个商人。因为道路上过往行人很多，劫匪找不到机会下手，因此就一直跟着商人。当商人进入一座大山的时候，劫匪觉得动手的时机到了，于是他立刻举刀拦住了商人的去路。

看到拿着刀的劫匪，商人转身就跑，劫匪跟踪了他那么久，又怎么可能会让商人跑掉呢。于是，一个跑一个追。不久，商人的去路就被一个黑漆漆的山洞挡住了，看了看后面越来越近的劫匪，商人毅然进了那个山洞，而劫匪随后也跟着进入了山洞。

这是一个像迷宫一样的山洞，里面很黑，但是商人有火把。因此，他在里面没有被石头绊倒过，也没有撞到过石壁。但是，也正是他的火把暴露了他——劫匪循着亮光找到了商人，不仅打了商人一顿，还抢了他的全部财产以及火把。值得庆幸的是，劫匪还有些良心，没有伤害商人的性命。

钱财到手的劫匪准备离开时，才发现这是个谜一样的山洞，又深又黑，并且通道纵横交错。不过，他很庆幸自己从商人那里抢来了火把。

于是，他举着火把看清了周围的景象，既不会因为脚下的石头而跌倒，也不会撞到坚硬的石壁。但是，他却只能在各个通道里穿行，就是走不出这个像迷宫一样的山洞，最后饿死在了山洞里。

而被抢劫了的商人，当身上被打的地方没有那么痛的时候，就从地上爬了起来，因为他有妻有子，不想死在这个山洞里。而在这个黑漆漆的山洞里，唯一一件能照明的东西也被劫匪抢去了，所以商人只能在黑暗中摸索着前进。而这使他经常被脚下的石头绊倒，经常撞到坚硬的墙壁……但是，他没有放弃希望，因为他看到远处有一丝亮光，他觉得那正是山洞的出口。

事实证明，他的感觉是对的，他一直向着那丝亮光走去，在跌跌撞撞地走了一段时间后，他终于找到了山洞的出口，走出了山洞。

在黑暗中摸索的商人走出了黑暗，而拥有火把照亮的劫匪却死在了里面。这是因为，劫匪正是因为有了火把，才迷失了前进的方向，最终只能命丧山洞；而商人恰恰是因为没有那个火把，他才能从黑暗中看见从出口投进的那一丝光，最后才能走出那个谜一样的山洞。

在家庭关系中，那个火把就像面对挫折时家长对孩子的帮助。心理学家认为，如果人长期处于一种幸福的状态，就会产生健康心理过剩症。这种心理疾病的特点，首先表现在对幸福没有存在感，即使在别人眼里一个人已经很幸福了，但是他依然感觉痛苦；其次是不愿意面对生活中的挫折，即使是很平常的事情，在他看来都是一种挫折。因此，心理专家提出了对孩子实行挫折教育。

科学家列别捷夫说过："平静的湖面，练不出好的水手；安逸的环境，成就不了时代的伟人。"

有一家大公司招聘，应聘的人很多，经过一番筛选以后，剩下了11个人进行最后的面试，而且他们将直接面对公司最高领导的考验。但是，面试当天却来了12个人。于是，总裁疑惑地问道："谁没有被通知？"

其中有一男子站起来说："先生，我之前被淘汰了，但是，我觉得我可以胜任你们的工作。"

这句话刚说完，在场的人都笑了。总裁说："前几轮筛选你都过不了，现在来这里还有什么意义呢？"

那名男子说："我虽然学历不高，但是我有 11 年的工作经验，先后在 18 家公司工作过。"男子说到这里被总裁打断了："11 年换了 18 家公司，你这样的做法让我很不欣赏。"

男子说："先生，我不是跳槽，而是因为那 18 家公司都倒闭了。"在场的人又一次笑了，甚至有人说他倒霉。男子笑了笑，接着说："我认为这个才是我的财富，并不是倒霉。"这时候，一直站在门口观看的老人进来给总裁倒茶，然后站在了总裁旁边。接着，男子又说："我很了解自己曾经任职过的公司，并且尽自己最大的努力挽救过它们，虽然没有挽救成功，但是我从这些失败中学到了很多东西。很多人认为应该学习成功的经验，但是成功的经验大多相近，但是失败却各有各的原因。别人成功的经验对于我们来说其实没有太大的作用，但是失败的经验却可以是人们一生的财富。"说完，男子起身就要离开。

在他快要出门的时候，他回头说："这些年我经历的 18 家公司，培养了我对人、对事的敏锐观察力。比如，今天真正的考官并不是您，而是倒茶的这位老人。"来面试的人们都震惊了，他们都盯着那位老人。老人笑了，说："你第一个被录用了。"

由此看来，父母应该懂得让孩子们自己面对挫折和失败，因为这些正是孩子走向成功的必修课。著名教育家苏霍姆林斯基说："如果孩子是一把刀，挫折便是一块磨石，为了让刀更锋利，就要让刀直面磨石，父母要摒弃'过分保护'的养育方式。"所以，当孩子遭遇挫折时，家长不要急不可待地冲上去给予帮助。要知道，挫折和失败也是帮助孩子走向成功的老师。

>>> 6. 挫折与不幸是强者的无价之宝，弱者的无底深渊

挫折对于孩子来说是成长中锻炼自己的好机会。一个孩子如果没有经历过挫折，就不会体会到成功的喜悦，也不知道什么是幸福。美国的一位儿童心理专家说："有十分幸福童年的人，一定有不幸的成年。"虽然面对挫折是痛苦的，但如果在小的时候一个人没有面对过挫折，在以后竞争激烈的社会上，他是无法立足的。

1934 年，让·克雷蒂安出生在加拿大，拉瓦尔大学法律系毕业。1958 年到 1963 年期间他从事的是律师工作。1963 年，克雷蒂安在被选为自由党联邦众议员后，便开始了他的从政生涯，他先后就职过财务国务部长、税收部长等职。1990 年被选为自由党领袖；1993 年被选为加拿大总理，并获得连任。

而这样一个伟大的人物小时候却是一个相貌丑陋、口吃的小孩——克雷蒂安小时候因为生病导致脸部局部麻痹，使整个脸看上去形状怪异，并且他还有一只耳朵失聪。

在学校里，同学们都嘲笑他的相貌、笑话他的口吃，并且总是说他上学没用，让他回家玩去。但是，面对这些嘲笑，克雷蒂安既没有自卑，也没有退缩，而是要努力地改变自己的缺陷。为了让自己说话清晰，他便模仿一位著名的演说家说话，还在嘴里含着个小石子。

时间久了，克雷蒂安的嘴巴都被小石子磨破了，母亲看着儿子出血的嘴巴十分心疼，便对他说："孩子，不要练了，家人们都爱你，我

们会一直陪着你的。"克雷蒂安很是懂事,他说:"妈妈,我看到书上说过,美丽的蝴蝶都是冲破了茧以后才出现的,我觉得我可以做一只美丽的蝴蝶。"

"皇天不负有心人",他长久的努力总算没有白费——他终于可以流利地说话了。面对坚强的克雷蒂安,同学们都觉得十分惭愧,于是不再嘲笑他,并慢慢地认识了克雷蒂安的善良与勤奋。而克雷蒂安不仅以优异的成绩结束了中学生活,还结交了一群很好的朋友。

1993 年,参加总理的选举时,克雷蒂安的对手利用克雷蒂安的外貌来制造事端,在电视媒体上夸大他的缺陷,配上照片,并说:"你们要这样的人来做总理吗?"对手以为这样的做法会削弱克雷蒂安的人气,但事实正与之相反——对于这种侮辱人的做法恰恰激起了选民的愤怒。再反观克雷蒂安,他低调、谦和的态度,反而让其赢得了选民的尊敬。在克雷蒂安的成长经历被曝出来以后,更是赢得了选民的同情,致使他被选为了总理。而他"带领国家成为一只美丽的蝴蝶"的口号,使人称他为"蝴蝶总统"。

在人的一生中总会遇到各种挫折,孩子们正处在人生的关键时期,让他们学会如何面对挫折会让他们终身受益。

乔妮正在升中学,由于学习成绩不好,总是对他的父亲抱怨她的生活糟糕。时间长了,乔妮觉得非常疲倦,便开始自暴自弃。

面对乔妮这样的状态,父亲没有说什么。一天,父亲在做饭的时候把乔妮叫到了厨房。父亲把萝卜、鸡蛋和咖啡豆分别放在三个锅里煮,没有对女儿解释什么,只是让她看着。慢慢地,虽然女儿在一旁有些不耐烦了,但是她依旧在看着。

煮完之后,父亲把火关掉,然后把鸡蛋、萝卜捞出来放到碗里,把咖啡盛进杯子,然后又问乔妮看到了什么。乔妮对父亲的这个问题很是不耐烦,她说:"萝卜、咖啡、鸡蛋。"父亲又让乔妮摸一摸萝卜,乔妮发现它变软了。之后，父亲让乔妮喝咖啡、吃鸡蛋。面对美食，乔妮很是高兴，但是仍然不解父亲的意图。

父亲解释道："这几样东西全都面临着挫折，也就是被水煮，但是它们的反应不同——萝卜本来是坚强的，但是在进入开水以后它变软了；鸡蛋原本是软弱的，但是被水煮过后却变硬了；咖啡豆在进入开水以后并没有被开水改变，反而把水变成了咖啡。"接下来，父亲问乔妮："你想做哪一个呢？"

经过了这件事之后，乔妮调整好了自己面对挫折的心态，开始认真对待学习。渐渐地，她的成绩有所提升，心情也就开朗了许多，而之后她就不再抱怨她的生活糟糕了。

挫折可以让孩子更好地进步，那么家长该怎样教育孩子正确地面对挫折呢？

首先，家长应教会孩子冷静地对待挫折。在遇到挫折的时候，要教会孩子乐观地看待挫折，不要把挫折看作一种失败，而应该把它当作一次成长的机会。俗话说："你拒绝失败就是拒绝成功。"只有从失败的挫折中吸取经验的人，才能获得成功。

其次，家长应与孩子一起分析失败的原因，为孩子树立自信心。自信是一种力量，它能激励人们坚持自己的梦想。面对挫折，孩子们最容易丢掉的就是自信，家长一定要及时地告诉孩子"一次的失败并不能证明什么，它只是成功的垫脚石"，并与孩子一起分析失败的原因。

再次，可以转移孩子的注意力。在遇到挫折的时候，孩子们会觉得生活灰暗，没有什么乐趣。这时候，家长可以为孩子们寻找一些他感兴趣的东西，比如，打游戏，或者看电视等，让他们先从挫折的阴影中走出来，然后再慢慢地开导他们。

巴尔扎克曾说过："挫折与不幸是强者的无价之宝，弱者的无底深渊。"只有那些能够战胜挫折的人才能拥有美好的明天，所以，从小培养孩子们战胜挫折的能力是很有必要的。

>>> 7. 没有比逆境更有价值的教育了

很多人在面对挫折失败后，会找各种各样的借口，用来安慰自己，也用来推卸责任。其实，借口就是一个掩饰的工具，很多人在失败后会把时间都浪费在找借口上，从而忽视了汲取失败中的营养。而家长若不想自己的孩子将来被失败击倒，就必须教会孩子在失败时不找任何借口。

"没有任何借口"是美国西点军校最重要的行为准则。学员们在长官问话时，只能有四种回答："报告长官，是"；"报告长官，不是"；"报告长官，不知道"；"报告长官，没有借口"。最后一句是要求学员们努力完成任务，在任务失败的时候不找任何的借口，目的是为了培养学员们适应压力和不达目的不罢休的毅力。美国商业界统计，在世界五百强企业中，西点军校培养出的董事长有一千多人，副董事长两千多人，董事、经理级别的管理者五千多人，比任何一家商学院培养出来的优秀人才还要多。

洛克菲勒曾经说过："我鄙视那些失败以后找借口的人，因为那是懦弱的行为；也同情那些喜欢找借口的人，因为借口是失败的根源。"

约翰·爱德华是一位性格内向的小伙子，他在一个大公司里做清洁工人，每天早上6点都要到达办公室——他要在办公室人员来上班前把办公室打扫干净。因为清洁工人的工资很低，而约翰想挣多一点钱，于是向公司申请去做推销员。面对约翰这样一个身体弱小，而且性格内向的年轻人，公司没有拒绝他，而是批准了他的申请。

约翰性格内向，不怎么爱说话，在公司的朋友不多，以致人们都认为这样一个人不适合做销售，但是约翰却用事实告诉他们，他不但可以胜任，而且做得很好。

一天，纽约下着大雪，很多的推销员中午就回到了办公室，在火炉旁烤火、聊天。虽然所有人都认为这样的天气，不工作是正常的，但是约翰却不这样认为，他仍然坚持工作了一天，到了晚上才回来。很多人都嘲笑他的勤奋，但约翰却不在意，他说："这样的天气竞争对手少，跟顾客有很多时间沟通，能争取到很多的顾客，所以今天我签了40多份订单。"

就这样，约翰靠着自己积极的工作态度，很快就涨了薪水，并在20年后成为了一个优秀的商人。约翰之所以能成功，就是他不会为自己找不做事的借口。但是在现实中，不少人总是会为自己不做事、做错事找各种各样的借口。总体来说，比较常见的借口有以下几种：

（1）这件事与自己无关。

其实，这句话的潜台词就是这不是我的责任。很多人在失败的时候都会用这样的借口，说这件事情的决定不是他做的，因此失败了也与他无关。但是在一个团队中，每一个成员都要有责任感，这样才能使团队进步。如果每一个人都找借口，这样不仅会让成员间很难沟通，还会使团队的战斗力下降。

（2）以客观因素为借口。

"因为有事，所以耽误了，我尽快做完。"这是人们常用的借口之一。这样一个借口会让人们养成推脱、拖延的陋习，这不仅耽误工作进程，也会使人变得懒惰。

"没有人告诉我该怎么做"，这也是人们常用的一种借口。其实，这只是为自己的能力不足找的借口而已。这样的借口虽然能让一个人逃避责任，但是却不会让其知道正确的应对某一件事的方法。而人们拖延的一件事，或做错了一件事后，正确的态度是应该面对现实，以

良好的心态去学习。

此外，在失败以后，还有很多人会以"对手比自己强"为借口。其实，这只是为了掩饰自己的不思进取而已。这样的借口会让人变得消极，变得颓废。在遭受挫折时，这种人首先想到的不是怎样解决问题，而是该寻找什么样的借口来逃脱责任，导致自己最终一事无成。

事实上，成功者也会有失败的时候，但是他们之所以是成功者，就是因为他们在失败以后不是为失败找借口，而是以不逃避的态度面对失败，认真从失败中吸取教训。而有的人在失败后，不是总结教训，而是为失败找了很多看似合理的借口，然后获得一些心理安慰。实际上，这是给自己加上了一道心理枷锁，认为自己没有能力做这件事，以后再遇到类似的事情，甚至都不敢去尝试。

一个人失败了，只要吸取经验重新开始，总会有成功的一天的。爱迪生在发明电灯前做了一万多次的实验，也就经历了一万多次的失败，但是他没有被失败打倒，最终他还是成功了。由此可见，失败并不可怕，可怕的是失败之后找借口的态度。

俗话说："失败是成功之母。"失败之所以能够酝酿成功，就是因为我们在失败中可以认识自己的不足，学习经验，因此就能避免以后再次失败。所以，失败时找借口只是逃避的一种方法，它虽然让我们逃开了眼前的责任，但是代价却是你无法估量的。家长教育孩子时要做的就是教会孩子正确地面对失败，在失败的时候不找借口，分析失败的原因，学习经验，拥抱成功。

第九章

成长阶段不同，
孩子的情感需求也不同

一百个责备比不上一个建议；棍棒的教育是最失败的教育；过多的保护也许就是对孩子的伤害；过多的保护带来孩子的无能；过高的期望带来孩子的无望；孩子的成就不等于家长的面子；一味的挖苦、贬低会导致孩子的反抗——反对父母、反对学校、或者反对整个世界。

——布鲁诺

教育不应该在学校由教师开始而应该在家里由母亲开始，母亲对孩子而言应该是一个外交家，国民的命运与其说操在争权者手中，倒不如说是握在母亲手中。因此，我们必须努力启发母亲——人类的教育者。遗憾的是真正理解这一意义的人却很少！

——苏霍姆林斯基

要尊重儿童，不要急于对他们做出或好或坏的评判。

——卢梭

健康美好的心灵是父母留给孩子的最宝贵的财富，赏识和激励是孩子成长的阳光雨露，平等是沟通的基石，沟通是孩子进步的源泉，赞美具有不可思议的力量，了解孩子的心理，敞开孩子的心扉，孩子的兴趣也许就是天才的开始，推心置腹的谈话就是心灵的展示。

——温·卡维林

>>> 1. 父母应该与孩子一起成长

有些人认为，家长不应多干涉孩子的成长，让他们按照自己喜欢的发展方向成长。这虽然给了孩子们很大的自由，但也反映出了这些家长的不负责任。

俗话说"养不教，父之过"，教育专家认为把孩子的成长方向完全交给孩子自己，实际上就是对孩子的一种放任自流。孩子们开始的时候都是一张白纸，在成长中会慢慢地吸收外界的信息，而这些信息有好有坏，如果家长不加以引导的话，就会让孩子形成错误的世界观、价值观，那么也就有可能因此造成不可挽回的后果。此外，家长长期冷漠地对待自己的孩子，还会让孩子形成孤僻的性格。

一对华盛顿的夫妇产下了一对龙凤胎。由于夫妻两个都非常喜欢男孩，所以哥哥西莫达比妹妹西雅达更受照顾。因此在童年的时候，西莫达的生活充满了关怀与爱护，总有很多人围在他身边。而西雅达却备受冷落，经常只能一个人玩耍，从而形成了孤僻的性格。由于夫妻二人认为西雅达是女孩子，应该文静一点，因此他们对于西雅达的孤僻性格没有多加关注。

到了上学的年龄，这对夫妻依然区别对待两个孩子。他们让西莫达上了当地最好的学校，却将西雅达送到了一个离家很近的普通学校。因为西雅达性格孤僻，所以在学校没什么朋友，一直都是独来独往，而且放了学她不立即回家，而是在小公园或者小路上一个人发呆。

后来，两个孩子长大了，西莫达的学习成绩虽然不是很好，但是他有很好的性格，以及良好的心理素质。参加工作后，他与朋友相处得十分融洽，很快便找到了心仪的女朋友，并结了婚。反观西雅达，因为性格不易相处，没有朋友，所以她一直都郁寡欢。庆幸的是，在西雅达 21 岁的时候，交了个男朋友，因此她渐渐开朗起来。但是好景不长，双方因为性格不合而分手了。面对这样的刺激，西雅达变得越来越沉默，开始整日地发呆，以致身体越来越瘦。由于长期的苦楚无处倾诉，最后西雅达选择了结束自己的生命。

人们常说"知子莫若父，知女莫若母"，家长们往往认为自己足够了解自己的孩子，便不会与孩子进行深层次的沟通，从而忽略了孩子真正的成长需求。在他们看来，孩子的成长是孩子自己的事情，自己只要给孩子提供良好的生活环境就好，不用干涉太多。但是一项科学调查显示，孩子们对关爱的渴望远远要大于对礼物的渴望。

奥巴马是美国历史上第一位黑人总统，他不仅在政治上是个好的领导，在生活中，他同样也是一位出色的父亲。奥巴马有两个可爱的女儿——玛丽亚和萨沙。在教育女儿的时候，奥巴马夫妇有自己的基本原则：

（1）为孩子做榜样。

奥巴马夫妇的生活很规律，按时起床，按时休息。在孩子们心里，父母是他们崇拜的偶像，他们愿意模仿父母做的事情。因此，他们的女儿也有着很好的生活规律。而奥巴马在空闲的时候，还会做一些家务活，所以他们的女儿也会在家里做一些力所能及的家务。

（2）让孩子感觉你是爱她们的。

奥巴马与米歇尔经常用"宝贝,我爱你""孩子,你很棒"来激励孩子，并且经常参与孩子们的活动。比如，奥巴马会带着萨沙一起去观看玛丽亚的足球比赛。米歇尔经常去看望参加舞蹈培训班的玛丽亚与萨沙。奥巴马说，他最骄傲的一件事就是在他参加竞选的时候，没有推掉过任何一场家长会。

（3）关注孩子的学习。

玛丽亚是个学习优秀的孩子，但是在以前，她也有成绩不好的时候。有一次，玛丽亚考试考得很不好，但奥巴马并没有责备女儿，而是询问女儿成绩差的原因。原来是因为玛丽亚的学习方法不对，所以才导致了学习质量不高。因此，奥巴马便耐心地指导玛丽亚，纠正她的学习方法。果然，在后来的考试中，玛丽亚的成绩总是排在前几名。

所以在面对孩子的教育问题时，家长不要认为成长是孩子一个人的事情。首先，在孩子的成长中，父母首先要做的就是给孩子一个良好的成长环境，而这就需要家长以身作则，带动孩子养成良好的生活习惯。

其次，家长要及时了解孩子在学校的生活状况。这就要求家长加强与老师的联系，不要总以自己忙为借口，不出席家长会，不与老师沟通。有时候，孩子在学校与在家里是完全不同的两个人，所以家长要了解孩子的内心，就要看到他们的各个方面。

最后，要为孩子制定一个目标，让孩子为目标去努力，而当目标达成时，孩子就会感受到成功的喜悦。但是家长要切记，目标不要设得太高，以免打击孩子的自信心。

>>> 2. 尊重孩子的个人兴趣——
不要把自己的兴趣强加给孩子

童年对于人们来说是终身难忘的，有一个美好的童年可以说是件值得炫耀的事情。但是，反观现在的孩子，上学时永远做不完的作业以及假期的培训班、补习班充斥了他们的生活。现在的家庭都是独生子女，父母都对孩子寄予了厚望，为了让孩子以后有更好的竞争力，父母已经为孩子计划好了未来的发展方向，并为孩子报了很多的业余训练班。但是，孩子们往往会让父母失望。

在大人眼中，现在的孩子吃穿用度都是最好的，自认为孩子一定是幸福的，但事实上，现在社会上很多孩子并不快乐，甚至有的孩子还有轻生的念头。究其原因，就是因为大多数孩子所学的东西都不是他们感兴趣的。俗话说："兴趣是成绩的老师。"孩子只有对某件事感兴趣了，才会用心去学，而且也只有这样才能取得好的成绩。

一根铁棍想要打开一把锁，但是想尽了办法也没打开。这时候，钥匙来了，它钻进锁眼，轻轻一转，大锁就被打开了。铁棍很奇怪，问钥匙打开锁的原因。钥匙说："因为我最了解它的心。"虽然家长给了孩子好的生活环境，但是对于孩子的内心他们又了解多少呢？

在课堂上，老师给孩子们留了一个作业，要求学生们读一篇文章，然后回答文章下面的问题。文章的内容是这样的：

亚瑟是一个小国的国王，却很不幸被邻国抓住。当时，邻国的君主正在追求一位美丽的姑娘，但是无论他送什么给那位姑娘，姑娘都

不为所动。他不知道女人到底想要什么，因此，他给亚瑟一年的时间，称亚瑟只要答对这个问题，就不杀他。

君主跟亚瑟订立了契约以后就放他回国了，而回到自己国家的亚瑟开始收集问题的答案。他询问了很多不同职业的女人，包括店铺老板娘、乞丐、妓女等，但是没有一个人能给他满意的答案。在亚瑟的国家里，有一个很出名的女巫，她相貌丑陋，身材畸形，但是什么都知道。人们建议亚瑟去向女巫询问，但是这个女巫脾气古怪，并且在回答问题的时候会有很多稀奇古怪的要求，所以在开始时亚瑟并没有听从人们的建议。一年之约慢慢临近，亚瑟没办法只能去向女巫求助。

女巫同意帮助他，但是要求与亚瑟王国里最高贵的武士加温成婚。加温是亚瑟最好的朋友，亚瑟不想为了救自己而牺牲朋友，于是断然拒绝了女巫的要求。

但是，加温知道后却同意了这个要求，因为在他看来，能够换回好友的性命，他的这点牺牲不算什么。在婚礼诏告全国的时候，女巫告诉了亚瑟答案，她说女人真正想要的是掌握自己的命运。

这个答案令邻国的国王很满意，而亚瑟王因此也得到了自由，但是想到为他牺牲的加温，亚瑟觉得十分痛苦。加温与女巫的婚礼在亚瑟归来后举行，在庆典上，新郎谦和有礼，但是丑陋的新娘却截然相反——她粗鲁无礼，在庆典上大吼大叫，并且用手吃东西，挖鼻孔，做尽了让人恶心的事情。因此，人人都很同情加温。

虽然到了晚上入洞房的时间，大家都劝加温不要去，但是加温却选择勇敢地面对这样一个可怕的夜晚。可当他走进新房的时候，却没有看到预想中的情景，而是看到了一个非常美丽的女子。其实，美丽的女子就是女巫，因为加温对她好，所以在这一天里面，她可以一半时间是女巫，一半时间是美女。在这种情况下，女巫给加温出了一个难题，她问加温："你想要我什么时候是女巫，什么时候是美女？"

文章的问题就是，如果你是加温，你的选择是什么？

第二天课上，老师让同学们说出自己的答案。

但是，老师对于同学们的答案没有评价什么，而是说出了加温的回答。

加温说："既然女人想掌握自己的命运，那么这件事就由你决定吧。"这一句话感动了平时冷血的女巫，最终女巫选择永远都是美女的模样。

这样一个答案，竟然没有一个人想得出来。究其原因，这都是因为人们总是想着安排别人的生活，并且自认为这样是对他好，却从来没有想过他是否想要这样的生活，就像家长对孩子生活的安排。

相信，没有人喜欢被人强迫着去做事情，大人如此，孩子也同样如此。所以作为家长，不要把自己的兴趣强加在孩子的身上，要根据孩子的实际情况加以引导，尊重孩子的意愿，按照他们选择的方向从旁指点，或加以引导，从而让孩子健康快乐地成长，进而拥有一个美好的童年。

>>> *3.* 请宽容孩子的错误——犯错也是一种成长

孩子在成长过程中，会犯很多的错误，以致心理学家常说孩子是在错误中成长的。但是，孩子既可以在错误中不断成长，也可能在错误里迷失自我，而决定这一切的关键是父母怎么做。

美国作家马克·吐温的作品很犀利，总是无情地嘲讽社会上的各种丑恶的现象，但在生活中他却是一个幽默、慈祥的人。马克·吐温有三个女儿，虽然他很疼爱三个女儿，但是在她们犯错误的时候马克·吐温也绝对不会姑息。

有一次，马克·吐温全家出去度假，他们的出行工具十分与众不同——是一辆堆满干草的车，无论是对马克·吐温夫妇还是对孩子们，这种本新的体验却让他们兴奋不已。显然，对于他们而言这绝对是一次很棒的度假。但是在出发前，大女儿苏西却把妹妹克拉拉打哭了。虽然苏西在事后承认了自己的错误，但是这样的情况在马克·吐温家还是要接受惩罚的，并且按照马克·吐温家的家规，惩罚的方式要由苏西自己来说。最后，苏西决定以放弃这次度假作为惩罚，让自己记住这次教训。

后来，马克·吐温回忆这件事的时候说，他知道当时放弃那次度假对苏西来说有多伤心，想起这件事，他依旧为苏西失去了坐干草车的机会而感到心痛，但这是她自己的选择，而且自从那以后，苏西就再也没有犯过类似的错误。

教育心理学家说，孩子犯错误是一种心理需要，他们需要通过犯错误来认识自己与外界以及他人的关系，就像小动物在嬉笑游玩中练习生存能力一样。孩子们要做的就是在错误中学习生存能力。

在一个暑假里，小约翰与他的父亲一起去超市买东西，正好碰到小约翰的朋友小克鲁斯。于是，小约翰就让父亲先回去了，自己与朋友去玩。但是没过多长时间，小约翰就回家了。他的父亲对此感到有些疑惑，因为以前小约翰出去玩从没这么快就回来过。

平时，小约翰一家人吃完饭都要出去散步的，可向来很积极的小约翰这天却说不想去散步，要在家里看书。小约翰的父亲在散步的时候，终于知道了小约翰反常的原因。

在散步的时候，小约翰的父亲碰到了小克鲁斯的爷爷。小克鲁斯的爷爷说，小约翰在骑克鲁斯的自行车的时候把小克鲁斯的自行车撞坏了。而那辆自行车是小克鲁斯新买的，他十分珍惜，于是小约翰的父亲就一直向小克鲁斯的爷爷道歉，并让他们拿去修理，说由自己出修理费。

这件事让小约翰的父亲既生气又震惊。令他生气的是，小约翰没有告诉他这件事；震惊的是，平时藏不住一点话的小约翰竟然能够对此守口如瓶。

但回家以后，小约翰的父亲并没有惩罚孩子，而是向他讲明了事情的严重性。小约翰的父亲本以为这件事到此就结束了，却不想留下了后遗症——从那以后，小约翰再也不出去玩了，即使是平常跟小约翰玩得很开心的一群孩子来找他，他也不出去玩了——因为那里有克鲁斯。连续一个星期，小约翰每天都是在家里，写完作业以后就看电视，一点也不像以前那个不想回家的小男孩了。这让小约翰的父亲认识到了事情的严重性，便强行带着小约翰到克鲁斯家去道歉。

值得庆幸的是，克鲁斯的车子修好了，而对于小约翰的父亲给的修理费，他们没有接受，只是欣然地接受了小约翰的道歉。此后，小约翰终于恢复了以前的生活状态。

　　通过这件事，我们发现，孩子在犯了错误以后会选择退缩、躲避，不愿意面对自己犯的错误，指望家长为他们收拾残局，而家长的做法则是决定孩子今后发展方向的基石。假如家长每次都完全地帮助孩子收拾残局，那么孩子就不知道解决问题的正确方法，也会变得懒惰，完全依赖父母。所以，在孩子犯错误之后，家长要做的应该是让孩子自己认识到他们所犯的错误，克服自己的心理障碍，自己面对并解决问题。

　　错误可以成就一个人，也可以毁灭一个人，而其产生的不同结局只是因为家长面对孩子犯错误时的态度。通常，在知道孩子犯错误以后，很多家长都是严厉批评，甚至是打骂孩子。他们认为，这样做孩子会记忆深刻，以后不敢再犯。但是，人非圣贤，孰能无过，家长们有没有想过，如果一个孩子犯错后，他主动承认了错误，但是换来的却是严厉的批评甚至打骂，那么再犯错误时，他不仅不会诚实地告诉你，还会想尽办法来隐藏他所犯的错误。有些人说孩子喜欢说谎，深究其原因，就是家长对孩子不当的惩罚方式导致的。如果孩子养成说谎的习惯，对孩子的成长以及他们的身心健康都会有很大的影响。

　　所以，家长要正确地对待孩子的错误，而且对于孩子的错误，应该按照年龄分开对待。在 5 岁前，孩子犯错后，一定不要责怪孩子，对孩子的错误要给予正确的教导，多鼓励敢于承认错误的行为；在 5 到 12 岁的时候，孩子犯错后，要让他们认识自己的错误，并在错误中学习经验；在 12 岁以后，对于他们所犯的错误要按照孩子的心理承受能力进行适当的批评，用积极的心态引导孩子面对错误，克服恐惧与逃避心理。

>>> 4. 孩子不同阶段的情感需求信号，你看得懂吗

很多家长认为，给孩子富裕的生活就是爱孩子。但是一项调查显示，孩子最需要的不是物质上的满足，而是精神上的给予。也就是说，孩子渴望被爱，被尊重。从这一点出发，父母应该给予孩子足够的爱。俗话说，"情感是人们精神生活的支柱"，而对于孩子来说，情感更为重要——研究调查显示，孩子只有在情感需求得到满足时，他们的人格才能得到健康的发展。

在美国有一个幸福的小家庭，鲍伯家有三个孩子，最小的一个是梅格，她是一个可爱的女孩，十二岁。在鲍伯夫妇眼里，梅格是个孩子，从没想过她会在这个年龄提出这样的要求：有一天，十二岁的梅格说，她是个大人了，要求父母把她的玩具都收起来，要求有自己的独立空间，并且希望父母对自己的事情不要管得太多。

鲍伯夫妇是一对非常聪明的父母，他们了解孩子的成长需要，知道这个时候的孩子需要什么样的感情。但是，他们依然为女儿担心，于是他们就给女儿写了一封长长的信。信的内容是这样的：

亲爱的梅格，你认为已经长大了，不需要那些玩具了。我们已经按照你的要求把你的玩具清出了你的房间，我们买了你喜欢的贴画以及书籍放在你的房间里，使你的房间看上去像是大人的房间。

说实话，你的这些要求我们不觉得奇怪，让我们吃惊的是在我们看来你才出生没多久，怎么这么快就长大了。我还记得，与你一起玩捉迷藏的时候，你说，不管你们有没有准备好，我都要来了。

　　现在真的是不管我们有没有准备好，你都已经来了。你从一个孩子过渡到半个孩子，半个女子。这个阶段的你内心一定有很多的矛盾。在你的心里，不再年轻的我们开始不知道流行趋势，跟不上你的脚步，再加上我们会经常阻止你做某些事情，你会认为我们是世界上最小气、最不讲理的父母。

　　但是孩子，你要知道，我们只是因为爱你，才会总是冒着让你不喜欢的风险去干涉你的事情。有时候，我们也会感到疲惫，偶尔会说不管你了，让你想干什么就干什么。但是，想起那些因为缺乏父母关心而走上不归路的孩子，我们就觉得心慌，于是我们就会抛掉不管你的念头。这个阶段是你们必须要自己经历的，我们不可能牵着你把你直接送到终点，我们能做的就是给你无限的支持与鼓励，当然还有无限的爱，无论何时，你要记得，我们是爱你的。

　　这封信不仅是对一个进入青春期的孩子的忠告，也是对所有父母的一个提醒。对于孩子来说，父母的爱是滋润心灵的雨露，是孩子以后进入社会的基石。但是，表达爱也需要合适的方式。根据科学研究，孩子在不同的成长阶段，对感情的需求也是不一样的。

　　婴儿期也就是在一岁以前，因为刚刚脱离了母体，他们会觉得外界没有安全感。所以，父母要做的就是让孩子感觉到这个世界是安全的，在父母身边是安全的。父母可以为孩子准备舒服的小床，买一些柔软的玩具，并且经常做一些爱抚婴儿的动作。

　　孩子在学步期时已经有了自己的想法，而且也有自己想做的事情，父母在这时不要过多干涉他们。由于这个时期，孩子可以用自己的观点打量这个世界了，而面对这个新奇的世界，他们会产生恐惧感，会渴望与父母多接触，渴望家人的关心，所以父母要做的就是温和地对待孩子，让孩子感觉到世界的友好。

　　孩子在学前阶段，开始接触到家庭以外的世界。外面的世界开始让孩子感觉到了自己的渺小与软弱，渐渐地，孩子明白了这个世界不是他想做什么就能做什么的。因此，处于这个时期的孩子们需要的是父母的激励与鼓舞，以及别人对他们的肯定与支持。所以，这个时期父母应该多夸奖孩子，以帮他们树立自信。

小学阶段是孩子成长的重要时期。这个时期，他们要接触很多陌生的同学和老师，要学习知识，与人交流。事情多了，烦恼也就多了，他们会因为成绩不好而沮丧，也会因为与同学吵架而伤心，还会因为犯错误而胆怯。此时，他们需要父母的关心，也需要父母的鼓励，更需要父母的宽容以及正确的引导。

青春期分为青春期早期与青春期晚期。在青春期早期的时候，孩子渐渐形成了"自我意识"，渴望有自己独立的空间。在他们的思想里，现在这个时期的他们已经是大人了，他们希望被别人尊重，被别人理解，并且拥有了自强的个性。这时，父母要做的是给孩子自由成长的空间，不要过多地干涉孩子的思想，在孩子犯错的时候不要责打他们，要善意地纠正他们的错误，并指导孩子走向正确的道路。在青春期晚期的时候（即十五六岁的时候），孩子对自己开始迷惑，开始想要了解自己，并且对以后的发展方向感到迷茫。父母应该做的是帮助孩子认清自己，明白自己的特点，明确以后的发展方向。

美国的一项调查显示，父母对子女的态度决定了子女的性格特点，甚至是整个人生，所以父母们要根据孩子的年龄阶段，正确地关爱自己的孩子，千万不要吝啬你的爱。

>>> 5. 重视说谎的危险
——揭穿孩子的"谎言"有技巧

现在有很多孩子经常说谎——明明作业还没写，老师或者家长问的时候竟说已经写完了；明明考试考得不好，却骗家长说考了全班第几名……无论家长怎么教育，孩子说谎的情况都没有多大的改善。虽然家长对此很生气，但是又很无奈。心理学家研究表明，孩子说谎是一种潜意识的逃避心理。

1946 年 7 月 4 日，在波兰的凯尔采市发生了一起屠杀案——几百名市民一起屠杀住在凯尔采市的犹太人。这场屠杀持续了 6 个小时，导致 42 名犹太人死亡。而深究这场屠杀的原因，竟然是因为一个小孩子的谎言。

这个小孩名叫赫里安，他的父亲是凯尔采市的一个鞋匠。1946 年，他们一家人刚刚从乡下的山村搬到市里。因为对市里的生活不适应，赫里安经常自己一个人偷偷地回乡下。

屠杀发生前四天，他又瞒着父亲，独自回了乡下，并且在乡下与朋友玩了 3 天才回来。玩疯了的赫里安并不知道在他回乡下的时候，他的父亲有多么着急——他的父亲找遍了所有的亲戚朋友家，可是一直没有找到他。于是，父亲就报警了，但是却没有一点消息。在父亲快要绝望的时候，赫里安回来了。看到赫里安后，父亲脸上担忧、焦急的情绪渐渐转变为愤怒。在面对赫里安的笑容时，这种愤怒爆发了，他的父亲找出鞭子就开始打赫里安，并且责问赫里安去哪里了。当时在凯尔采市里，居住着很多的犹太人，在这些波兰人看来，犹太人都是无恶不作的。所以，经常有父母用被犹太人拐跑吓唬哭泣的孩子。

鞭子打在身上当然很疼，赫里安在思索着如何回答父亲的问题才不会招来更多的鞭子。这时候，父亲又问了一遍，并且随口加了一句"是不是让犹太人拐跑了"。而父亲随口说的这一句话却让赫里安找到了逃避惩罚的借口。

赫里安编了一个被犹太人拐走并被虐待的谎言，并把这个谎言编得无比真实，甚至还说出了犹太人的体貌特征，以及自己被关押的地方。父亲因此停止了对赫里安的责罚，他心疼地问赫里安有没有伤到哪里，并马上为赫里安准备了美味的食物。这一刻，赫里安为他说的这个谎言感到无比的骄傲，但是他不知道的是，这么一个小小的谎言将会导致四十多人无辜丧命。

第二天，赫里安的父亲去警察局报案，要求抓住那个拐骗并虐待他儿子的犹太人。在路上，赫里安的父亲碰到了很多的朋友，在聊天的时候，他的父亲总是迫不及待地把这件事告诉别人，希望他们能帮他找到那个犹太人。那时候二战刚刚结束，人们排犹的思想还很严重，而朋友们都信了赫里安的这个谎言，并表示非常愤怒，于是他们便把这种愤怒也传给了其他人。就这样，这个小谎言一传十十传百，到最后整个市里的人都知道了这件事。俗话说"三人成虎"，说的人多了，也就成为真的了。再加上谣言传播的变异，有些人甚至认为赫里安被犹太人拐走并被虐杀了，所以凯尔采市的人决定为赫里安报仇，才发生了这场屠杀。

赫里安知道这件事以后觉得非常害怕，自此平时活泼好动的他便变得非常沉默，再也不出去玩了，而且他天天在家里坐着，还经常发呆。很快，赫里安的母亲发现了赫里安的异常，便询问赫里安原因。面对温柔的母亲，赫里安说出了事情的经过。母亲没有责打他，毕竟事情已经发生了，孩子也认识到了自己的错误。赫里安的母亲只是安慰赫里安，让他消除心中的害怕与内疚，并带着赫里安向凯尔采市的所有人道歉。慢慢地，赫里安也释怀了，但是这种愧疚却跟了他一生。即使这件事过去了几十年，每当想起来时，赫里安依然会充满负罪感。

一个小小的谎言就扼杀了四十多个人的性命，这绝对是人间悲剧，因而在赫里安刚刚澄清事实的时候，人们都责备赫里安，但在责备赫里安的时候，人们有必要想一想他说谎的原因——他说谎只是为了逃避父亲的责罚，如果没有父亲的责罚，赫里安是不是就不会说谎了呢？相信一定是。那么，我们可不可以说其实父亲才是这场屠杀的"真凶"呢？可以说，孩子说谎，无非源于以下几个原因：

（1）逃避父母的责打。

很多父母都喜欢用责打来惩罚孩子所犯的错误，他们认为孩子不打不成才，却不知道孩子在面对责打时想的不是改正自己的错误，而是下次如何逃避责打。于是，孩子慢慢就养成了说谎的习惯。就如赫里安的父亲，如果在赫里安回来的时候，不是用鞭子迎接他，相信就不会产生谎言，也不会出现那一场人间悲剧了。

所以，在面对说谎的孩子时，不要总是以武力解决事情，这样会让他们形成用谎话来逃避责打的习惯。父母要鼓励、引导他们说实话，并且在孩子们承认错误以后不要责打他们，否则，会让他们以为说实话是不对的。

（2）满足自己的虚荣心。

孩子在长大以后，渐渐有了攀比意识，他们会在同学、朋友面前夸耀自己任何可以夸耀的东西，有时候甚至会为了虚荣心而说谎。比如，有些孩子拾金不昧，被表扬了，而有些人也想被表扬，他就会把自己的东西交上去，说是自己捡的。

面对这种现象，家长首先要教孩子拥有正确的价值观，让他清楚地认识攀比的后果，并耐心地引导他们走出思想误区。

（3）模仿父母说谎。

在孩子们眼中，父母是他们的信仰，所以父母做什么在他们看来都是对的。所以，孩子们习惯模仿父母的行为。但是，现在的成人面对复杂的人际关系时难免会说些小谎言。比如，在你不想接某个人的电话的时候，而这时候孩子刚好在家，你会让孩子接电话，并让孩子告诉朋友你不在家。显然，平时父母无意识的行为就教会了孩子说谎。所以，父母在孩子面前要做个好榜样。

孩子说谎的原因有很多，当父母发现孩子说谎以后，不要只是一味地打骂孩子，应该找出孩子说谎的原因，对症下药，用正确的方法改善孩子说谎的坏毛病。总之，孩子是否能够摒弃说谎的坏毛病，只有一小部分责任在于孩子，大部分的责任还是在家长身上的。所以，家长要正确对待孩子的谎言，不要因孩子的谎言而发生悲剧。

第十章

为什么说良好的心理会改变孩子的一生

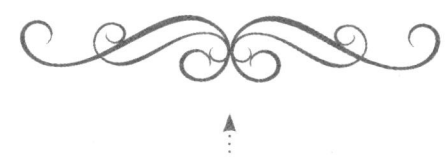

　　只要不把儿童关闭在不透空气、不见阳光的环境中，那么，纵使是贫乏的大自然，也能使儿童的心灵得到欢乐，受到感染。

——谢德林

　　习惯真是一种顽强而巨大的力量，它可以主宰人的一生，因此，人从幼年起就应该通过教育培养一种良好的习惯。

——培根

　　幼儿比如幼苗，必须培养得宜，方能发芽滋长。

——陶行知

>>> 1. 放下架子，和孩子一起"成长"

北风和南风想要比试谁的威力更大，于是，它们约定，谁能让行人把身上的大衣脱掉，谁就算赢。北风用尽全身力气，吹出了很大的风，寒风刺骨，以致行人为了能够更温暖，不但没有脱掉衣服，反而把衣服拉得更紧了。反观南风，它缓缓地吹动，风和日丽的，让人感觉很温暖。慢慢地，行人觉得天气有点热，就把自己的大衣脱掉了。就这样，南风在比赛中获胜了。这就是心理学上著名的"南风法则"。

当下，这个法则被人们广泛地应用在了管理中，而在家庭教育中它也同样适用。很多家长在教育孩子的时候，采用的是一贯的强势姿态，他们认为孩子就应该一切都听父母的，所以面对孩子的一切不同意见，都是极力压制。他们总想控制孩子的一切行为，却不知孩子也有自己的想法，这样压制的后果不是让他们养成自卑的性格，就是会让他们产生叛逆性格，从而反抗父母。所以，想让孩子信服，靠武力是不行的，一定要与孩子平等地沟通。只有像南风一样用温暖、和平的方式与孩子沟通，才能让孩子自愿听家长的话。

贝利是二十世纪伟大的足球明星，被人们称为"球王"。他在很小的时候就已经展现出了惊人的足球天赋，并且一直在学校的足球队有着良好的成绩。

有一次，他参加一场学校组织的足球赛，由于他与伙伴间配合默契，毫无意外，他们赢了这场比赛。在比赛之后，伙伴们都觉得很累，腰酸腿痛的，于是有几个年纪大点的孩子，从书包里拿出香烟，还告诉贝利等人香烟能够解除疲劳。

听他们这样说，贝利等几个不会吸烟的孩子也向他们要了香烟。贝利看着烟雾从嘴里吐出来，觉得很新奇，并且觉得这样很帅气。但不凑巧的是，贝利的父亲正好来学校看贝利的足球比赛，在找到贝利的时候，看到了贝利吸烟的一幕。贝利急忙把烟扔掉，手足无措地看着父亲。他以为父亲会打他或者骂他，但是都没有，他的父亲只是说："儿子，你踢得棒极了。"然后，便离开了。

等到吃完了晚饭，父子俩在客厅里看电视时，父亲问："你今天吸烟了？"

贝利小声地说："是的，爸爸。"然后站在一旁低着头，一言不发，等候父亲的责骂。但是，父亲依旧没有批评他，只是说："儿子，大家都知道你踢球有天赋，只要你好好坚持，一定会有所成就的。但是，你要知道，一个球员最重要的不仅仅是球技，还有身体。"

听到这里，贝利红着脸对父亲说："爸爸，这是我第一次抽烟，以后不会了。"父亲打断了贝利的话，接着说："我知道你可能这样说，你认为这是第一次，而且仅仅是一支烟，没有什么大不了的。但是你要知道，有了第一次，就会有第二次，接二连三，每次你都会用'只是一支烟而已，不会对身体有什么影响'的理由来说服自己。但是积少成多，长久下去，一定会对你的身体造成伤害。到那时候，你就可能再也不能踢足球了。"

这时候，父亲拿出一些钱放在了桌子上，说："是做一个足球运动员，还是继续享受香烟带来的美好感受，你自己决定。这里有些钱，如果你放弃做个足球运动员，想要吸烟的话，就拿去买烟吧。"说完，父亲便离开了客厅。

贝利看着父亲离开的方向，认真地思考了自己的人生，然后拿起钱，走到父亲面前，对父亲说："爸爸，我要做个优秀的足球运动员，以后一定不吸烟了。"从那以后，贝利真的再也没有吸过烟，而且一直努力训练，最终成为了"球王"。

通过这个故事，我们知道父母与孩子间进行和平的沟通方式，要比用粗暴的沟通方式有效果。因为温暖、和蔼是拉近距离的法宝。如果贝利的父亲像有些家长一样，采用暴力、禁止的方法，也许这个世界上就会少了一个球王。

所有人都需要别人的尊重，孩子也一样。家长只有尊重孩子，孩子才会认真地听你的话。所以，在与孩子沟通的时候，不妨运用南风法则。而运用南风法则时要注意以下几点：

（1）家长要端正自己的思想和态度。

家长面对孩子总是一副高高在上的态度，孩子在这样的氛围下，就会慢慢变得叛逆。于是，家长就开始抱怨现在的孩子越来越不听话了，却从来没想过孩子为什么不听话。很多家长认为爱面子，有自尊心都是大人的事情，孩子不会在乎这些。但事实上，孩子在三岁的时候就已经有自尊心了，家长一味地居高临下，会极大地伤害孩子的自尊心的。

因此，家长应该以平等的态度对待孩子，像朋友一样与孩子交流，孩子才能了解家长的用心，才能自愿地听从家长的安排。

（2）用温和的表达方式。

同样一种意思，两种不同的表达方式，就可能有完全不同的效果。同样是面对犯了错误的孩子，有些家长就会发脾气，打骂孩子，而这样做的结果，往往不是孩子会认识到自己的错误，而是在以后继续犯同样的错误，甚至愈演愈烈；有些家长则是婉转地告诉孩子他的错误，让他认识到自己的错误，从而自愿地去改正。

比如，孩子花了很长时间画了一幅画，当孩子抱着被夸奖的期望拿给家长看时，有些家长会直接批评孩子画得很糟糕，这样的批评会打击孩子画画的积极性，很有可能因为这一句话，孩子就对画画失去兴趣。而如果家长先表扬孩子的画，然后再提出建议，孩子会很高兴地接受家长的建议，并且改正。

（3）孩子犯错以后要的不是批评。

很多父母在孩子犯错的时候，喜欢批评孩子，但是这样的做法往往不会被孩子接受，因为孩子在犯错以后，需要的是有人告诉他，他哪里做错了，他该怎样改正，以及以后该怎样避免，而不是严厉的批评。

父母都觉得孩子顶撞自己，是一件很丢人的事情，而有些急脾气的父母还可能会因此打孩子。但是，这样只会让事情变得更糟糕。所以，遇到这样的事情，家长一定要冷静，不妨放下姿态，真诚、温和地与孩子沟通，找到问题所在，让孩子欣然地接受你的建议，并自觉地改正错误。

>>> 2. 父母不一致的教育观点会给孩子的身心健康带来很大的伤害

在家庭教育中，一直都有"严父慈母"的说法。人们一直认为一个唱红脸，一个唱白脸，父母这样配合才是教育孩子的好方法。其实，这样的教育方式是不对的。如果家长中有一方很严厉，另一方很温和，就会让孩子选择用不同的态度对待两个人，从而导致孩子错误的价值观以及孩子人格上的缺陷。古代就有"父否母然，子无适从"的说法。意思是说，如果父母对教育孩子持有不同的观点，孩子就会无所适从。

在一片美丽的森林里生活着一群猴子，每天太阳升起来的时候，它们会出去寻找食物，太阳落山的时候就回家休息。

后来，有一个游人在路过森林的时候不小心把自己的手表丢在了森林里，恰巧被一只叫"詹森"的猴子捡到。詹森对这件稀奇的东西很感兴趣，于是一直研究它。由于它是只聪明的猴子，所以很快就找到了手表的正确用途；由于詹森知道准确的时间，所以每只猴子都来向詹森询问时间。渐渐地，詹森成了这群猴子中的明星，整个猴群的时间都以詹森的时间为准。后来，詹森还被猴子们选为了猴王。

在詹森心目中，是手表给它带来了好运气，于是它没事的时候就去森林里转转，希望能够捡到第二块手表。后来，詹森有了第二块、第三块手表，但是随之而来的还有一件麻烦事：这三块手表的时间都不相同，詹森不知道哪一个才是正确的时间。所以，当有猴子来问时间的时候，詹森答不出来，而猴群的作息时间也因此被打乱了。于是，猴子们把詹森推下了猴王的位置。

这就是心理学上著名的手表定律。这个定律告诉我们，每个人都不能有两种不同的行为标准，否则，他的生活会陷入混乱。同样教育孩子也是一样的道理，父母在教育孩子的时候，一定不要持不同的观点，不然就会让孩子形成许多错误的观点。

杰森拿回成绩单的时候很高兴，因为他这次考试考了班里的第一名。回到家的时候，他正好看到在客厅看报的父母，就高兴地把成绩单递给了父亲。但是父亲没有看，只是说："我不看了，你给我说说考得怎么样。"

杰森很自豪地告诉父亲他考了全班第一，但是，父亲听了以后并没有显示出高兴的样子，而是忽然变得严肃了："杰森，你这样的态度是不对的，只是考了全班第一就这样骄傲，以后怎么会有进步。等你什么时候考到全年级第一，再来跟我邀功吧。"父亲的这一席话完全浇灭了杰森考试全班第一的兴奋，于是杰森就拿着成绩单回到了自己的卧室。

等到吃饭的时候，妈妈来叫杰森，可杰森却赌气说："不吃了，我又没考全年级第一，没有资格吃饭。"妈妈知道杰森还在为父亲说他的几句话生气，于是对杰森说："爸爸这样说是为了提醒你，不要被胜利冲昏头脑，他只是想严格要求你。但是，妈妈觉得你很厉害。"经过妈妈的劝说，杰森终于出来吃饭了。

但是经过这件事后，杰森觉得母亲很爱自己，而父亲对自己的爱没有母亲多。于是在那以后，杰森对母亲就格外孝顺，而对父亲则很冷漠。

其实，在日常生活中，这样的现象很常见，而这说明父母不一致的教育观点会给孩子的身心健康带来很大的伤害。比如：

（1）会让孩子养成双重人格的性格。

父母在教育孩子时持有不同的意见，会让孩子不知道该听谁的。而人都有自我保护意识，往往不自觉地就会选择对自己更有利的一种观点。也就是说，谁袒护一个人，这个人就跟谁亲密。如果孩子的父母对孩子也存在这种情况，渐渐地，孩子就会在父母面前形成不同性格——在面对父母中总是偏向自己的那一方时，会显得蛮横无理，而在另一方家长面前就会乖巧可爱。

（2）会降低父母的威信。

在孩子心目中，大人的话都是对的，尤其是父母。但是，父母产生冲突、意见不一致的时候，就会破坏父母在孩子心目中的形象，降低自己的威信，从而影响教育的效果。

（3）会让孩子形成错误的世界观。

孩子通过家长认识世界，当父母双方持有不同的观点时，孩子就会不知道哪一方的观点是正确的，很多时候，孩子跟父母中哪一方关系较好，孩子就会认为关系好的那方的观点是正确的，但其实并不一定，这样就会让孩子形成很多错误的观点。

（4）会影响孩子的心理健康。

父母在出现意见不一致的时候，双方可能会进行争辩甚至是争吵。孩子在面对父母的争吵时，往往会感到害怕。如果长期处于这种状态，肯定会影响孩子的心理健康。

那么，父母应该怎样杜绝这种教育方式呢？

首先，父母要保持一致的观点，经常互相交流想法，并且不止父母要一致，与其他家人也要保持一致的观点。不要父母一种观点，爷爷奶奶是另外一种观点，这样会让孩子左右为难，产生矛盾。

其次，要听从孩子的意见，毕竟孩子才是受教育的人。他会对父母的教育方式有自己的想法，认真倾听孩子的意见，会让家庭教育进行得更为轻松。

但是，父母毕竟是两个不同的人，有着不一样的阅历以及思想，所以对孩子的教育存在分歧也是在所难免的。那么，当父母观点不一致时，该怎么办呢?

（1）在孩子面前不要争吵。

即便是对方有错，也不要当着孩子的面指责对方。在孩子面前，父母都有着要维护自己的尊严的想法，所以在孩子面前争吵的时候谁都不会认输，这样往往会让事情变得越来越糟。因此，当孩子在场时，只要父母记得双方共同的目标是孩子健康成长，了解在孩子面前争吵会给孩子带来一定的心理压力，就能避免在孩子面前争吵。彼此的不同意见可以在孩子不在场的时候双方坐下来好好地谈一谈。

（2）父母要树立一致的教育观点。

父母要经过认真考虑以后，制定一个统一的教育观点，并且平时父母之间要多加交流，在教育孩子的时候，尽量用一致的观点。

（3）征求孩子的意见。

很多时候，孩子面对家长灌输给自己的思想，会有自己的想法，所以家长在教育孩子的时候有必要征求孩子的意见，这会让家长发现自己教育中的不足，以便以后进行改善，而不至于让孩子在自己的教育中形成两种价值观。

>>> *3.* 多向孩子"请教"——正确掌握"示弱效应"

家长面对孩子，总是一副居高临下的样子，并且认为孩子一定要听家长的。在家长心中，孩子与家长的关系就应该是这样的。但是事实上，家长向孩子示弱，更容易让孩子与父母进行沟通，也更容易让孩子接受父母的教育。这也就是心理学上的示弱效应。有些人认为向孩子示弱很没有面子，那是因为他们不知道向孩子示弱的好处。比如：

首先，向孩子示弱可以增强孩子的自信心。在孩子心中，一直是父母说什么，自己就做什么，父母始终是处于领导地位的。如果父母向孩子请教问题，他就会产生一种荣誉感。即使你问的问题他不会，他也会去找资料，甚至请教别人，想方设法地给你一个满意的答案。而当他的答案让你满意的时候，孩子的信心就会提高，并且这还能增强孩子的成就感。

其次，能拉近孩子与父母的关系。在孩子眼中，父母基本上是无所不能的，这样无形中双方就产生了距离。而父母向孩子请教问题，会让孩子觉得父母没有那么遥远，会拉近与孩子的心理距离，从而让父母与孩子更好地进行沟通。

詹姆斯的儿子约翰正在上三年级，但是约翰对于学习没有一点兴趣，每天放学回来不是看电视就是打游戏，根本不会去写作业，更别提看书了。詹姆斯很是着急，终于有一天，他想出了一个好的办法。

那一天晚饭过后，詹姆斯向全家宣布了一件事情，就是他的公司要进行一次考试。只有考试合格的人，才能继续留下来工作，不合格的就要被辞退。而詹姆斯还说，因为自己的成绩不好，所以在这一段时间内要认真地学习了。

这时候，约翰问父亲："爸爸，你小学时不是学习很好吗？"

"是啊，但那是以前，现在都过去十多年了，爸爸现在估计连三年级的题目都不会了，你帮爸爸想想办法吧。"

约翰考虑了一会儿，说："爸爸，要不我晚上给你补课吧，刚好我正在上三年级。"詹姆斯窃喜，他想要的就是这句话。从那以后，约翰每天回家以后就开始写作业。作业写完以后便开始认真地为詹姆斯"讲课"，有时候为了能更好地为爸爸讲课，约翰还会在为爸爸讲课前再把学习的东西复习一遍。

就这样，在詹姆斯为"考试"准备期间，约翰的学习成绩明显提高。有一天，约翰像发现新大陆似的对詹姆斯说："爸爸，原来复习可以让成绩提高。"从那以后，约翰就养成了复习的好习惯。

显然，詹姆斯正是利用"示弱效应"才引起了孩子学习的兴趣。当家长向孩子请教问题的时候，孩子一定会想："这个问题父母都不会，我一定要解决这个问题。"这是一种无形的动力，孩子会为了这个目标去努力。

三四岁的孩子，是最让人头疼的——这个年龄的孩子初步形成了独立意识，喜欢对别人的要求说"不"，喜欢与父母唱反调。

三岁之前的莉亚很听话，但是不知道从什么时候开始，父母让她干什么，她都不会乖乖照办了。

有一天在临睡前，妈妈要给莉亚洗漱，但是莉亚躺在床上就是不下来。妈妈喊她下来，她只是说"不洗"，就是不肯下床。莉亚的妈妈是位聪明的母亲，她知道硬碰硬肯定行不通。而她在今天做饭的时候，把手割破了，于是，她走到床边，对莉亚说："莉亚，乖女儿，妈妈的手今天割破了，很疼的，你来帮妈妈吹吹。"

　　莉亚听到这里，立刻从床上爬起来，来到母亲的身边，并为母亲吹手。然后，母亲趁机说："莉亚，妈妈的手很疼，不能自己洗手，你能帮我洗吗？"莉亚很痛快地答应了母亲的这个要求。她觉得能帮到妈妈是一件很棒的事情。于是，莉亚下了床，并拉着母亲走进了卫生间，帮助母亲挤洗手液。之后，母亲对莉亚说："莉亚，我觉得你的手上也应该挤上洗手液。"

　　这时，莉亚有些不高兴，并说道："我给你洗手，我不洗的。"母亲对莉亚说："你洗干净自己的手才能给我洗手，要不然，你的手那么脏，我的手一定洗不干净的。"

　　莉亚终于被妈妈说动了，于是她很愉快地洗了手，然后帮母亲洗手。后来，母亲又说动莉亚把脸也洗了。当莉亚都洗完以后，妈妈表扬了莉亚，而莉亚则高高兴兴地回屋准备睡觉去了。

　　可见，家长要学会向孩子示弱。当孩子面对一个什么都能做的家长时，孩子只有两个出路：一个是学习这个人，让自己也变成一个无所不能的人；另一个就是什么都不做，既然家长什么都做了，就不需要他再做什么了。所以，如果家长在孩子面前示弱，不仅能够激发孩子的自信以及责任感，还能让孩子感受到自己的强大。因此，家长在教育孩子的时候要注意以下几点：

　　（1）与孩子一起解决问题。

　　很多家长都喜欢包揽孩子的所有事情，即使一些孩子能够自己做的事情也不例外。这样做不仅不会让孩子健康地成长，还会让孩子养成懒惰的坏习惯，并且让孩子变得没有自信，在遇到问题的时候不知所措。所以，当孩子碰到问题的时候，不要急于告诉孩子正确的答案，要引导孩子思考问题，让他自己通过思考解决问题，这样才可以培养孩子的自信心。

　　（2）家长要学会在生活上偷懒。

　　懒父母教育出来的孩子，要比勤快的父母教育出来的孩子更懂事、更独立一些——如果家长什么事都做了，孩子就不用做了；如果家长有20% 没做，那么孩子就能完成那 20%。所以，家长不妨多偷偷懒，让孩子做一些力所能及的事情，这样不仅可以锻炼他们的动手能力，还能让他们知道父母平时的辛劳。

（3）在学习中向孩子示弱。

孩子都是贪玩的，面对学习总是提不起太大的兴趣。所以，家长可以在适当的时候向孩子请教问题，孩子会为了回答家长而努力地思考，从而在无形之中提高学习成绩。

（4）父母要正确认识自己的孩子。

每个父母都有望子成龙、望女成凤的想法，但并不是每个孩子都能成龙或者成凤。所以，父母在为孩子制定目标的时候不要好高骛远，要正确地认识自己的孩子，给孩子制定一个可以实现的目标。

在孩子的成长过程中，家长一直都是处于强势地位的，所以在孩子的认知中，家长是无所不能的，自己肯定没有家长强。这样不仅局限了孩子的发展空间，还会让孩子失去自信。但是，如果家长能够向孩子示弱，一定会增强孩子的自信心以及成就感。家长可以在恰当的时候向孩子"请教"一些简单的问题，学会向孩子示弱，给孩子创造一个好的发展空间。

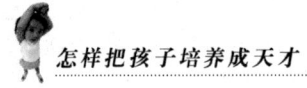

>>>4. 培养竞争意识，促进孩子健康成长

.

现在很多孩子都懒散且软弱，经不起一点挫折。其实，这都是父母过分保护的结果。舒适的环境虽然会让孩子成长更加顺利，但是当孩子走向社会，由于不懂竞争而被淘汰的时候，家长往往会后悔莫及。

如今是一个充满竞争的社会，一个没有竞争意识的人很难在这个社会上立足，所以家长要从小培养孩子的竞争意识。

挪威人喜欢吃沙丁鱼，所以很多挪威人以捕沙丁鱼为生。但是，由于渔船出海时间长，等到回到岸上的时候，沙丁鱼往往都死了，而死鱼无论价格还是做成菜的口味都将大打折扣。所以，人们一直在寻找能让沙丁鱼活着回到岸上的方法，但是所有人都失败了。

在挪威的一个以产沙丁鱼而文明的小镇上，有一个老渔民，每次出海的时候收获颇丰，但就是不能带着活的沙丁鱼回到岸上。有一次，他像往常一样打到了很多的鱼，因此很高兴地返航。但是在途中，他很快就发现沙丁鱼不再有活力，都一动不动地趴在水里。老渔民心里着急，但是又没有其他的办法，只能像以前一样把死去的鱼挑出来。这时候，老渔民看见旁边鱼池中的鲶鱼也不动了，以为是死了，想把它拿出来与其他死鱼放在一起。但是他刚刚捡起来，鲶鱼却突然一下跳进了沙丁鱼的鱼池。老渔民想把鲶鱼拿出来，但是鲶鱼在这个鱼池里异常活跃，他怎么也抓不到。老渔民没办法，只有让鲶鱼继续留在沙丁鱼池中。

当老渔民回到岸上的时候，他惊奇地发现那些原来认为肯定已经死了的沙丁鱼，依旧活蹦乱跳。因此，人们渐渐知道了把沙丁鱼活着带回来的方法。

鲶鱼是沙丁鱼的天敌，鱼池里多了这条鲶鱼以后，沙丁鱼为了保命就拼命在鱼池里游动。这样一来，沙丁鱼就不会因为缺乏运动而死亡。这就是心理学上著名的"鲶鱼效应"。人们都有改善环境的欲望，而这种欲望能够推动人们进步，推动人们成功。家长只要恰当地利用这种欲望，就能让孩子在竞争中进步。而这也印证了"强者不是宠出来的，而是在逆境中成长，在竞争中脱颖而出的"这句话的正确性。

中国现在的教育方式是羊性教育，也就是用一个特有的模式让接受教育的人失去个性、失去创造性和独立性，以乖巧听话为榜样。这样的孩子放在学校是人见人爱的好孩子，但是一旦到了社会上将寸步难行。因此，在现在的教育中人们提出了狼性教育——要教育孩子从小养成狼一样的斗志和精神，做一个有竞争力的人。

在秘鲁的动物园里养着一只美洲虎，因为是濒临灭绝的动物（美洲虎世界上现存只有 17 只），所以动物园对其进行了重点保护——动物园的人员在大自然里专门圈出一块地，把它放养在里面。这个地方有山有水，有花有树，在宽阔的草地上还有成群的牛羊。但是，让人们感到奇怪的是，这只美洲虎并不去捉那些牛羊，而是经常躺在人们为它准备的空调房里睡觉，饿了就吃人们为它提供的食物。

这种情况让动物园的人们很担忧，有些人认为它可能是太孤单了，需要爱情，需要伴侣，于是动物园的管理者与邻国协商，从他们那里租来了一只雌性的老虎。

但是，这个方法并没有奏效，那只美洲虎依旧懒洋洋的，最多就是与外来的雌性老虎出去走一走，没多久就又回到它的房里。面对这样的情况，人们一直很苦恼，但是又没有什么新的办法应对。直到有一天，有一位游客说："虎是森林之王，是肉食性动物，你们在它生活的区域里放了一堆食草性动物，它怎么会有精神。这么大的一片地方，你们不放只豹，至少也应放一只狼吧。"

对于这个观点，人们虽然持将信将疑的态度，但还是决定在老虎保护区里放两只豹子。不久后，人们惊奇地发现，这个方法很有效。自从那两只豹子进了老虎生活的区域，那只美洲虎就不再每天都懒洋洋的了，它在那以后就再也没有回到过那间空调房，也不再是每天吃了睡、睡了吃，而是开始在山顶上长啸，在草原上奔跑。不久后，还跟外来的雌性虎生了一只可爱的小虎。

俗话说"生于忧患死于安乐"。这个故事告诉我们，一个没有对手的老虎，会是一只死气沉沉的老虎。同样，一个没有竞争对手的人，也一定会是一个懒惰的人。因此，家长在教育孩子时，一定要让孩子存在竞争意识。这是因为：

首先，竞争意识能够促进一个人的发展。在被人超越的时候，每个人都会有再赢回来的意识，因此就会提高自己的成绩；其次，竞争能够促进社会的进步——如果每个人都不想落在别人的后面，就会出现集体进步的现象；最后就是竞争在各行各业都存在，即使是卖菜或者是擦皮鞋都存在着竞争现象，既然无可避免，倒不如鼓励孩子争夺第一。

当然，在竞争的同时要注意区分竞争与斗争。竞争是一种良性的行为，而斗争则是以伤害别人来取胜的一种行为；竞争的结果是让竞争的双方都进步，而斗争的结果往往是两败俱伤。

因此，在教孩子竞争的时候，要为孩子灌输公平、公正的竞争原则，并且教会孩子尊重对手。因为真正的强者都是尊重对手的，也只有尊重对手，向对手学习，才能超越对手，才能不断地进步。

奈克已经5岁了，但是依旧不会自己好好地吃饭，每一次吃饭都要家人喂。如果不喂的话，他就不吃饭。父母对于这样的现象有些无计可施。有一次，奈克的外公来家里做客，看到这样的现象，说："这就是现在提倡独生子女的害处，你们小时候家里孩子多，什么时候吃饭都是抢着吃，你若是不吃，你的哥哥姐姐们就会马上吃掉。"

这些话让奈克的父母茅塞顿开，他们知道自己的孩子现在需要的是一个竞争对手。于是，奈克的父母把哥哥家的差不多大的儿子杰森接了过来。果然，在杰森来了以后，两个孩子吃饭的时候都会互相比较，比谁吃得多，谁吃得快，而奈克再也不用家人追着喂饭了。所以，要想让孩子健康成长，就要给他们找一个竞争对手，激发孩子的竞争意识。

德国著名教育家卡尔·威特曾经说过："让孩子了解世界的真相确实是件残酷的事情，但是这样做是必须的。"现在的社会竞争十分激烈，家长必须要让孩子有竞争意识。在现实中，很多家长已经能用鲶鱼效应来培养自己的孩子了。比如，泰国总统的哥哥，在他女儿16岁的时候，为了让孩子适应这个竞争的社会，他把女儿送到了曼谷的车站，让女儿在那里试着卖东西，让她与其他卖东西的人学会竞争；再比如，摩纳哥国王兰尼埃三世，为了让自己的孩子成为一个优秀的继承人，在阿尔贝很小的时候，兰尼埃就把他送到美国去学习，让他远离皇宫里舒适的环境，在竞争的环境中成长。果然，阿尔贝长大以后没有辜负父亲的期望，成为了一个优秀的继承人。

当下的时代是一个适者生存的时代，没有适应社会的能力，就注定会被淘汰，因此家长在孩子的成长中放入一条鲶鱼，恰恰是深爱孩子的表现。

＞＞＞ *5.* 巧用登门槛效应，激发孩子的学习潜能

在老师的教学中可发现这样的现象：老师教孩子时，首先会为孩子制定一个比较低的目标，等到孩子成功地达到了这个目标后，再设定更远的目标，这样的方式会比直接为孩子设定远大的目标更容易，这种现象在心理学中叫做"登门槛效应"。

登门槛效应是 1966 年由美国著名心理学家弗里德曼与弗雷瑟共同提出来的。当时，他们做了这样一个实验：他们随机地找到一些人家，希望能在他们家的窗户上挂一个小的牌子，大部分人都同意了。过了一段时间以后，他们再次找到上次参与实验的人，并要求把一块大且不美观的牌子放在他们的院子里。而这样一个无理的要求，竟然有一半以上的人家都同意了。

之后，他们直接提出把那块又大又丑的牌子摆在一些人家的院子里，结果只有 22% 的人接受了这个要求。

还有人做过类似的实验：他们让别人在房前放一块写着"小心驾驶"的牌子。在第一个居民区里，实验者直接提出了这个要求，结果只有 17% 的人接受了。而在另外一个居民区里，实验者让居民在一个提倡安全驾驶的倡议书上签字，几乎所有人都签了。然后在几天以后，实验者就向他们提出要在他们的房前立牌子的要求，结果有 55% 的人同意了。

其实，人的积极性不仅在于目标对他的吸引力，更在于实现目标的概率。在教育孩子的过程中，很多家长都认为，为孩子制定一个远大的目标，即使孩子不能达到，也不会相差太远。但事实上，目标定得太不切实际，孩子无论怎样努力都达不到目标，就会产生挫败感，从而选择放弃。因此，家长在为孩子制定学习目标的时候，既要能激发孩子的学习动力，又不能打击孩子的学习热情。

蒂娜是一名初三的学生，在一次领完成绩单回来后就一直闷闷不乐、低头不语。母亲看到后问蒂娜为什么这样。蒂娜说："考试没考好，只考了 70 分。"

面对孩子的成绩，蒂娜的母亲并没有像其他母亲一样发脾气，而是问："那你前一名的同学考了多少分呢？"

蒂娜如实地告诉母亲："75 分。"

接下来，母亲耐心地对蒂娜说："孩子，那咱们下次考试的时候超过他，好不好？"蒂娜很爽快地答应了妈妈。因为蒂娜觉得这个目标很好完成，只要她再努力一点就可以做到。

从那以后，蒂娜在上课的时候开始认真听课，下课的时候认真复习，积极地做作业。终于，在一个月之后的考试中她考了 85 分，远远地超过了当时母亲为她定的目标。然后母亲又为她制定了一个新的目标，依旧是她前面的那位同学，而蒂娜又一次完成了母亲的目标。就这样，当蒂娜毕业的时候，已经是全年级有名的优秀学生了。

所以，先给孩子制定一个较近的目标，等他们达到以后，给予表扬，像蒂娜母亲一样慢慢地提高要求。这样不仅能给孩子带来成功的喜悦，也能让孩子提高信心，并逐渐地提高自己的成绩。

1984 年，日本选手山田本一在东京国际马拉松邀请赛中夺冠，并在 1986 年意大利国际马拉松邀请赛中也夺冠。这样的结果让人们很是意外，因为在这两次之前，人们从来没有听说过这名选手。

当记者问山田本一夺冠的秘诀时，他说："在比赛前，我会仔细研究比赛的路线，并记下路途中醒目的标志。在比赛开始以后，我首先

的目标就是第一个标志，这并不难，因为每一个标志都不会相隔太远。等到达了第一个标志，我再向第二个目标冲刺。整个的路程被我分割成几个小段，很轻松就跑完了。而在以前的比赛中，我并不会这样规划，我会把目标直接定在终点上，当我跑到一半的时候，往往就已经被遥远的路程吓到了。"

所以，家长要为孩子制定合适的目标，这样才能激发孩子的学习热情，并引导孩子不断进步。那么，家长该如何为孩子制定目标呢？

（1）制定目标要考虑孩子的自身情况。

家长在为孩子设定目标的时候，一定要正确地认识孩子的能力，把目标定在孩子可以完成的范围。比如，孩子考试考了60分，家长却把下次考试的分数定在了100分，这显然是不切实际的，应该让孩子一点一点地提高成绩，把分数设置得低一点，让孩子没有压力地完成，在不知不觉中进步。

（2）不要与其他孩子比较。

很多家长喜欢用自己的孩子与其他的孩子比较，想借此来激励孩子好好学习，超越别人。但这样做的效果往往不大，而如果总是让孩子与优秀的孩子相比，就会让孩子失去自信，并产生"自己事事不如别人"的想法。这样一来，孩子往往会破罐子破摔，倒不如让孩子与自己相比，一点一点地进步，慢慢地超越别人。

（3）制定目标可以问孩子的意见。

在给孩子制定目标的时候，可以询问孩子的意见，这样不仅能让孩子觉得自己是备受尊重的，还能激发孩子完成目标的积极性。

一个小和尚跟随师父学习武艺，但是，师父每天什么都不教，只是在收了他以后买了一群小羊，并让他每天跨过一条小河去放羊。那条小河并不是很宽，如果要绕道，要走很远才行。因此，每次放牧的时候，小和尚都是把羊一个个地抱起来跳过去。这样一天下来，他要来来回回蹦很多次。

后来，有一天小和尚突然发现，他有了很强的臂力以及轻功。原来，他抱着小羊跳过小河就是师父在传授他武艺。开始的时候小羊很小，抱着跳过去很容易。随着小羊的长大，在不断抱羊过河的过程中他的臂力以及轻功越来越强。可以说，如果在一开始的时候就让他抱着很重的羊过河，他肯定是做不到的。

人们都有避重就轻的心理，对于那些很难实现的目标会选择无视、放弃。所以，家长在为孩子制定目标的时候，不妨用一用登门槛效应。

>>> *6.* 物质奖励是权宜之计，孩子更渴望被认可

日常生活中，总是见到父母用奖励的方法来勾起孩子的学习兴趣，这种方法在开始的时候会有些效果，但是时间一长，家长就会发现这种方法不会再产生效果，这就是心理学上著名的"德西效应"。

1971 年，德西做了这样一个实验：第一个阶段，让所有参加实验的人回答一些有趣的问题，而且不管有没有人答对问题，都没有奖励；第二个阶段，把参加试验的人分成两组，一组在回答出一道题的时候给予一定的奖励，而另外一组即便答对也没有任何的奖励；第三个阶段是休息时间，允许参加测试的人在原地活动，并观察他们是否愿意继续答题。

这个实验的结果是，有奖励的那一组在第二个阶段的时候，都很努力地解答问题，但是到了第三个阶段，这一组的人就没有人继续答题了，而没有奖励的那一组，有些对难题感兴趣的人在休息的时候还愿意继续研究那些难题。

这个实验告诉我们，有时候奖励不仅不能增强人们进行某事的动机，还会降低这种动机。心理学家认为，动机是人们控制自己行为的根本，它能激发人们去努力完成任务。而人们设置奖励的目的是提高这种动机，但是德西效应告诉我们不能一味地使用奖励。那么，家长应该怎样做才算正确呢？

（1）对孩子进行适度的奖励。

在对孩子进行奖励的时候，一定要考虑家里的经济条件，以及孩子本身的进步情况。切记，不要对孩子进行不切实际的奖励。有些父母本来收入不高，但是为了鼓励孩子，经常为孩子买高端的服装和用品，而这样的奖励方式不仅不会有什么好的效果，反而会让孩子产生不切实际的虚荣。

（2）精神奖励与物质奖励并存，精神奖励为主。

奖励孩子要记得以精神奖励为主，物质奖励为辅。因为过多的物质奖励会让孩子改变自己做事的初衷，而只有精神奖励才能让孩子不断进步，让孩子开阔视野。

（3）在奖励孩子的时候，家长一定要做到言而有信。

家长承诺孩子的事情，就一定要办到。这样孩子才会信服家长的奖励措施，才能让奖励起到作用。如果家长不守信用，会让孩子觉得说谎是正确的，会在以后养成说谎的坏习惯。

家长都希望自己的孩子以后能够生活幸福，而孩子以后的生活幸福取决于孩子受什么样的教育。所以，家长一定不要让德西效应出现在孩子的教育中。

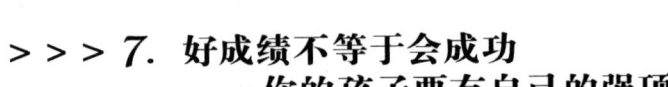

>>> 7. 好成绩不等于会成功
——你的孩子要有自己的强项

在现实生活中，很多小时候成绩优秀的孩子，长大以后往往表现平平，而那些在十名左右的孩子则通常能够出人头地，做出一番成就。这样的现象说明学习成绩并不能决定一个人以后是否能够取得成功，这也就是心理学上著名的"第十名效应"。

1989 年，周武通过对 150 名小学生 10 年的跟踪调查，提出了第十名效应。相信，很多老师都有这样的经历，原来在小学或者中学时期学习优秀的孩子，到了大学或者社会上就变得很平庸了，反倒是在原来一直徘徊在第十名的学生，随着年级的增长，潜力不断开发，最后做出了出人意料的成绩。那么，出现这种现象的原因是什么呢？

（1）太重注学习的人知识面相对过窄。

那些努力争取第一名、第二名的孩子常常是把所有的精力都用在了学习上，所以很少接触书本之外的知识。而第十名的孩子，学习成绩不算差，同时也有空余的时间去学习和了解课外知识，因此相对第一名的人来说，第十名的学生知识面更广。

（2）只注重学习的孩子缺乏个性。

只注重前几名的孩子一心扑在学习上，对于所有的课外活动都不愿意参加，渐渐地，连自己原有的一些特长也发挥不出来了，后来就会变成一个没有个性、只知道学习的人。而第十名的孩子，往往不会花很多时间在学习上，他们更感兴趣的是各种各样的活动，而经常参加这样那样的活动会让孩子变得善于交际，从而使孩子在以后的生活中更好地生存。

（3）一直处在第一名位置的孩子经受不了挫折。

这样的孩子一直处在高处，有可能很小的一次成绩下滑都会让他觉得无法忍受，甚至可能会被挫折彻底击败。但第十名的孩子往往有接受失败的能力，谁脱离学校后的生活都不可能是一帆风顺的，如果没有抗拒挫折的能力，肯定不会取得成就。

著名科学家爱因斯坦就是第十名效应的典型人物。爱因斯坦小时候发育缓慢，三岁了才刚刚会说话，甚至被保姆讨厌；在上小学的时候，不是聪明伶俐的孩子，也不是学习优秀的孩子，同学还给他起了个"老实头"的绰号；而在上中学的时候，爱因斯坦也没有什么特殊的才能，并且有些调皮，中学都没上完就被学校开除了。

爱因斯坦的中学老师曾经这样评价他："他将来做什么都不会成功。"爱因斯坦后来放弃了德国的国籍，来到了瑞士。在瑞士的时候，他决定考大学，虽然在第一次的时候落榜了，但是他的母亲依旧信任、支持他。后来，在补习了一年以后，爱因斯坦考上了瑞士联邦工业大学。

爱因斯坦本想在毕业的时候做一名助教，但是由于他叛逆、特立独行的性格，在他毕业以后，没有人愿意聘请他。因此，他在毕业以后只能靠做家教维持生活。一直到1902年，他才找到一个专利员的工作。在职期间，凭着对科学的热爱，爱因斯坦逐渐创立了相对论。1921年，他获得了诺贝尔物理学奖。

爱因斯坦曾说过："年轻人在离开学校的时候，应该是一个全面发展的人，而不是一个专家。"也就是说，在学校的时候仅仅学习专业知识是不够的，要注重多方面的发展。有人说："考试是考不出一个人有多大的潜力的，因为考试考的都是别人会的东西，老师从来不会出他自己不会的考题。如果你把时间全都用在应付考试上，那么一辈子都学不会怎样解决老师不会的问题。"

而现在很多的家长都一味地要求孩子考第一名，认为这样以后能成功。殊不知，就是因为家长这样的行为，才出现了孩子日后毫无特长的现象。那么，家长该怎样面对这样的现象呢？

（1）家长要改变自己的教育观。

现在的家长大部分是分数教育，都要求孩子尽量争第一名，这就导致了很多孩子争第一的时候，并不是真的在乎自己的学习效果，而是在乎家长的反应。渐渐地，他们会为了不丢掉自己的第一名的宝座，而把学习当作一种压力。若孩子失了学习的兴趣，即使放在学习上的精力再多，也会有筋疲力尽的时候。因此，家长在教育孩子的时候，一定不要过分地苛求孩子的名次，要帮助孩子找到学习的乐趣。

（2）不要给孩子太大的压力。

每一次考试前，家长都会为孩子加油，为孩子担忧，也会为孩子考试做很多事情，从而在不知不觉中给孩子带来了很大的压力。殊不知，这会让孩子倍感压力。所以，家长倒不如在孩子即将考试的时候表现得自然一点。

比尔·盖茨在上学的时候从来就不会只追求好成绩，他对课外、业余的活动都很感兴趣。因此，他有很好的动手能力以及创新能力。后来，盖茨因为自己的梦想毅然地退了学，与自己的好朋友艾伦一起创建公司。经过奋斗，在1999年的时候，盖茨已经拥有900多亿美元的资产了。

盖茨与爱因斯坦都是第十名效应的典型例子。他们小时候学习都不优秀，但是在长大以后都有了突出的成就。第十名效应不是想要否定那些第一名的孩子们，而是要提醒家长，不要过于看重孩子的学习成绩，要挖掘出孩子的特长，让孩子全面发展。

>>> *8.* 给孩子一个善意的谎言

在古希腊神话中，有一位名叫皮格马利翁的国王。他性格孤僻，不喜欢与人交往，所以自己一个人居住。因为无聊，他便学习雕刻，后来用象牙雕出了一个美丽的女人像（这是按照他理想中的女性雕刻的）。慢慢地，他就爱上了自己雕刻的女人像。于是，他便求爱神赐予雕像生命。爱神开始的时候并未答应，但是国王经常去求他，爱神被他的真诚感动，就赐予了这座雕像生命。后来皮格马利翁就娶了这个复活的雕像。于是，人们便把这种因为期望而产生效果的现象叫做"皮格马利翁效应"。

皮格马利翁效应又称为罗森塔尔效应。意思是说，心理暗示会影响人们的行为。换言之，一种积极的心理暗示，很可能就是人们实现梦想的基石。

美国著名心理学家罗森塔尔曾经做过这样一个实验：他在一个小学学校里对校长说要做一个"未来发展趋势"的小测试，并在参与测试的学生中随机抽出一部分人，并郑重其事地告诉校长以及这些学生的老师，说他们将是以后最优秀的人。

8个月以后，名单上的学生的学习成绩都有了很大的进步，并且其他方面也很优秀。显然，这是因为罗森塔尔的谎言起了作用。这个谎言就像是一句心理暗示，老师们完全相信了，因此会对名单上的学生格外关注与关照。而学生感受到老师的关心，会增强自信，从而使自己变得优秀。

这就是为什么皮格马利翁效应又被称为罗森塔尔效应的原因。

有一天，同住一个宿舍的莉莎、茱莉和露西一起来找强森老师，说："老师，詹妮今天没值日，我们的宿舍被扣分了。"面对这样的问题，强森老师很是头痛，因为这个詹妮最近好像出了很多的问题。虽然已经找她谈了几次话，但是没什么效果。于是，强森老师便让她们回去了，并告诉她们他会处理这件事的。

在学生们走后，强森老师便对这个宿舍的学生进行了了解。宿舍长乔娜是个内向的女孩，在老师找到她的时候，她竟然露出了要哭的表情。她说："这件事情我有责任，但是詹妮确实总是不值日，并且与其他同学都不和。"这时候，强森才发现事情的严重性。经过了解，强森发现詹妮在家里是个独生女，一家人很宠她，并且家里条件好，有些高傲。所以，与詹妮同住的女孩子都不愿意与詹妮说话，但是不与詹妮同住的同学却都觉得詹妮很随和。

在与詹妮谈话时，强森发现詹妮对宿舍的女孩都不理自己也很苦恼。对此，强森特意与詹妮的母亲谈了话。通过谈话，强森了解了事情的真相——詹妮与同一宿舍的莉莎在原来的学校里都是众多同学跟随的对象。来到新的学校以后，两人都不服对方。因为詹妮的高傲，莉莎便笼络了其他舍友来孤立詹妮；因为与舍友相处不融洽，詹妮便产生了许多消极的想法，甚至想到了退学。

面对这样的事情，强森首先想到了著名教育家苏霍姆林斯基的话："和谐的教育，就是发现潜藏在孩子内心的财富。"于是，他找来了那天来向他报告的三个女生，并对她们夸赞了一番："她们有优秀的组织能力，热爱集体，并且是宽容的好孩子。詹妮虽然有错，但是你们为什么不能给她一次机会呢？"此外，强森还告诉她们宽容是很好的美德。于是，三个女生被强森打动，最后说："老师，我们会尽力帮助她的。"

从那以后，她们开始对詹妮示好，慢慢地，詹妮变得开朗起来，并且与宿舍其他人也有了交流，整个宿舍都变得温馨和谐了。后来，她们都考上了好的大学。毕业的时候，詹妮来找强森，并向强森表示感谢。詹妮说："如果没有强森老师对莉莎等人的引导，就不会有现在的我。"

在这里，强森运用的就是皮格马利翁效应。他暗示莉莎等人有着宽容的优点，并加以引导，让莉莎等人相信自己是宽容的，她们应该宽容詹妮。由此可见，皮格马利翁效应对孩子有着特殊的积极意义，尤其是对那些差生而言。

心理学家威廉·詹姆斯曾经说过："人最深的渴望就是得到别人的赞美，对于孩子来说，别人的鼓励以及称赞，直接影响着孩子今后的发展。"

罗杰·罗尔斯是纽约州第五十三任州长，也是纽约历史上第一位黑人州长。但是，罗尔斯却出生在纽约大沙头贫民窟里，在贫民窟出生的孩子，很少能够有一份好的工作。但是，罗尔斯不仅考上了大学，并且还做了州长。在后来说到自己的成功经历时，罗尔斯除了一个名字什么都没有说——皮尔·保罗。

皮尔·保罗是罗尔斯小学时期的校长。校长在任职的时候，发现这所小学里的孩子们整天无所事事，打架、旷课是常事。保罗就想了很多的办法来改正孩子们的不良习惯，但没有一种是有效的。后来，保罗发现这里的孩子们都很迷信，于是他就以为孩子看手相为借口来引导孩子、鼓励孩子。

有一天，当罗尔斯从窗台上跳下来的时候，正好碰到保罗校长。保罗校长对他说："我看你的手指就知道，以后你一定是纽约州的州长。"听到校长这样说，罗尔斯很是吃惊，因为从小到大，从来没有人说过他长大以后可以成才，听得最多的就是这孩子这么调皮，以后肯定没出息，而校长却说他以后可以做州长。州长这个位置，对他来说是不敢想象的，但是校长的这句话却给了他很大的鼓舞，而罗尔斯也相信了这句话。

于是从那一天开始，罗尔斯就用州长的标准来要求自己。他说话变得文明起来，衣着也变得整洁了。渐渐地，他成了班里的好学生。终于，在罗尔斯51岁的时候，他成为了纽约州的州长。

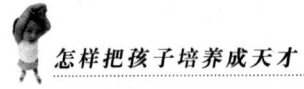

这是一个很典型的皮格马利翁效应的事例。在现实生活中，人们通过研究发现，所有犯罪的未成年人中，小时候被人称为坏孩子的人占大多数。从小被这种消极的期望引导，孩子很自然地就会走上犯罪的道路。皮格马利翁效应说明，每一个孩子都能成功，而这个孩子能否成功的关键就是家长能否像对待天才一样对待孩子。

第十一章

父母一定要及时引导孩子
宣泄负面情绪

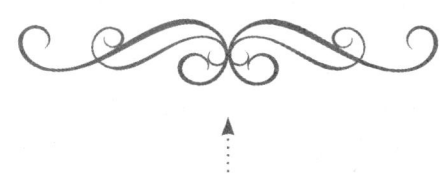

对孩子来说，家长是一个活生生的人，一个榜样，一个他们看得见、摸得着的英雄。

——张海迪

儿童的行为，出于天性，也因环境而改变，所以孔融会让梨。

——鲁迅

儿童应该受到良好的教育，这是一般做父母的人的责任，也是他们关心的事，而且国家的幸福与繁荣也靠儿童具有良好的教育。

——洛克

父母良好的情感气息，家庭和睦的生活氛围，是培养孩子健康心理的环境基础。

——梅涅罗斯夫

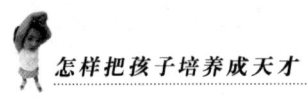

>>>1. 孩子成长最重要的一步
——父母怎么帮助孩子正确认识自己

　　心理学家认为，一个人最大的失败就是迷失自我，而一个人成功的秘诀就是发挥出自己的优点。可对于孩子来说，他们缺少的往往就是对自己的正确认识。

　　著名哲学家苏格拉底在年老的时候，想让自己的助手接替自己的位置，传承自己的思想。于是，他想考验一下自己的助手。有一天，他把助手叫到自己的床前，并对他说："我知道自己所剩时间不多了，但是我的思想需要有人传承下去，所以需要一个优秀的接班人，他不仅要有智慧，还要有自信和勇气。"

　　助手说："是的，您的优秀思想确实需要很好地传承下去。"

　　苏格拉底说："但是，我现在还没有找到这样一个人，这个任务交给你吧。"

　　助手很恭敬地说："好的，老师，我会竭尽全力为您寻找的。"

　　苏格拉底没有再说什么，便让助手出去了。

　　于是，忠心且勤劳的助手开始为苏格拉底寻找优秀的继承人。他在全国各地寻找人们认为优秀的人，然后将其带到苏格拉底的面前。但是，对于他带回来的人，苏格拉底全部否决了。苏格拉底说："他们还不够优秀。"当助手带回来的人再一次被苏格拉底拒绝的时候，苏格拉底对他的助手说："辛苦了，但你带回来的这些人还没有你优秀。"

　　助手很是愧疚，他说："老师，对不起，我一定会更加努力，用尽各种方法也要把最优秀的人找出来。"

听到这些，苏格拉底露出了苦涩的笑容，但依旧没有说什么。

半年以后，苏格拉底已经到了弥留之际，但是他的助手还是没有找到让他满意的继承人。助手感到非常内疚，他流着泪对苏格拉底说："对不起，让您失望了。"

"我是很失望，但是你对不起的不是我，而是你自己。"苏格拉底艰难地说出了这些话，然后停顿了很长时间，又说："其实最适合继承我的思想的人就是你，你只是不敢相信最优秀的人是你，因此忽略了自己。其实，每个人都是最优秀的，关键在于怎样认识自己，怎样重用自己。"说完，苏格拉底便永远地离开了这个世界。

最优秀的人就是你，这不仅是苏格拉底对他的助手的忠告，也是他对世人的警醒。要想有这种意识，最重要的就是学会认识自我。但认识自我对于孩子来说，说起来容易，做起来却很难。

有些父母总是会强调孩子的一些缺点，而且不管是在什么场合，总是会大声宣扬孩子的缺点。这样做往往会使孩子产生严重的心理问题，让孩子极度自卑，并认为自己什么地方都比不上别人，以致在碰到一些事情的时候，没有自信和勇气去尝试。与之相反的是，还有些家长一味地称赞自己的孩子优秀，绝口不提孩子的缺点，让孩子以为自己是全世界最优秀的人，养成盲目自信、目空一切的心理，而这样的心理也会导致孩子以后的失败。那么，家长应该如何引导孩子自我认识呢？

（1）教会孩子正确地认识别人。

让孩子发现别人的优点，也就是说，要为孩子找一个榜样，让孩子去发现对方的优点，并与自己对比，在对比的过程中认识自己的不足，并加以改正。

与人相处最忌讳的就是嫉妒别人，要让孩子知道每个人都有优点和缺点，家长要引导孩子全面地评价别人，不要故意贬低别人，把别

人说得一无是处，也不要过分地高估别人，觉得对方哪方面都比自己强。

孩子评价别人的时候往往带有个人感情色彩，他们的经验不足，难免会对别人产生错误的评价，所以做家长的要及时引导孩子正确地评价别人。

（2）让孩子学会自我分析。

要教会孩子分析自己的优缺点，让他们认识到自己与其他人的区别。有人说："了解自己的过程就是与别人对比的过程。"所以，要让孩子学会正确地与别人做比较，针对自己的弱势进行加强训练，从而取得进步。

（3）让孩子知道什么是丑，什么是美。

父母要培养孩子的鉴别能力，让孩子知道丑与美、真与假、善与恶的区别。因为孩子只有有了正确的是非观，才能正确地评价、约束自己的行为。

孩子由于年纪小，社会经验不足，不懂得分辨别人言语的真假，很有可能别人一句赞扬的话就会让他目空一切，认为自己比别人优秀很多；而别人的一句批评也有可能使其产生自卑心理，认为自己处处不如别人。显然，这两种心理，都会影响孩子以后的发展，因此家长要及时引导孩子正确认识自己。

> > > 2. 孩子"唱反调"，家长"有诀窍"

很多家长发现，孩子长大以后，就变得不那么听话了，而且孩子有着与家长"唱反调"的心理，什么事情都不愿意与家长或者老师倾诉，对于家长与老师的批评也不听，甚至还会产生反感。孩子为何一再挑战父母的权威呢？虽然导致孩子产生叛逆心理的原因有很多，但是多半与家长有关。

美国人在星期天有听牧师讲道的习惯，目的是为了放松自己，缓解压力。因此，每到星期天，教堂里都会有很多人。那一天，说话最多的就是牧师，他会向人们解释为什么要募捐、为什么信教会。当然，这些牧师的演讲水平也是不同的。

著名作家马克·吐温也是一位信教的美国人，他也喜欢在星期天去教堂听牧师演讲。一天，马克·吐温在教堂听演讲。开始的时候，牧师讲得很好，内容精彩，语言流畅。马克·吐温便想，一会儿到募捐的时候要多捐一些钱，表示自己对演讲牧师的喜爱和支持。

但是，接下来，牧师滔滔不绝地又讲了近四十分钟，依然没有要结束的意思，这使马克·吐温对牧师的喜爱就减少了。又过了半个小时，牧师的演讲依旧没有结束，马克·吐温就有些生气了，甚至开始觉得牧师很讨厌，认为牧师已经算是耽误大家的时间了，于是他改变了最初的主意，决定在募捐的时候少捐一些钱。

又过了一会儿，牧师的演讲依旧没有结束，这时马克·吐温已经很讨厌牧师了，所以他就决定不捐钱了。终于，又过了很长一段时间后，牧师的演讲终于结束了。募捐开始了，而当牧师到了马克·吐温面前

的时候，他不仅没有捐钱，还在募捐箱里拿了两美元出来。

由此看来，反复地讲一件事情，会让人从最初的接受到不耐烦及反感，这就是心理学上的"超限效应"。"超限效应"在家庭教育中也同样适用，如：当孩子考试没考好时，父母就会不厌其烦地批评孩子，使孩子从内疚到不耐烦，到最后产生反感。而孩子被"逼急"了，甚至就会出现"我偏要这样"的反抗心理和行为。

其实，孩子产生逆反心理除了上述原因以外，还有以下几种原因：

（1）家庭生活中的父母专制。

不少家长认为孩子还小，什么都不懂，无论是生活还是学习中都应该完全听父母的，不能依照自己的想法做事。而这个时期的孩子正是渴望独立的时候，家长不恰当的关心与孩子这种独立的思想形成矛盾，就会让孩子产生叛逆心理。家长在孩子犯错的时候，不是与孩子一起分析错误，而是责打孩子，让孩子产生孤独感，同样也会使孩子产生叛逆心理。

（2）父母对孩子的错误态度。

青少年时期，孩子们在生理上会发生很多变化，各项生理机能逐渐发育完全，而在心理上会产生自己长大了的意识，并且这种意识不断增强，所以他们会要求父母把他们当作成人来看。而家长对此往往适应不过来，因为在前不久，他们还是孩子，因此孩子与父母之间的矛盾就产生了，这让很多父母觉得自己的孩子总是跟自己唱反调。

（3）孩子的好奇心。

每个人都有好奇心，而孩子因为未知的事物太多，好奇心尤重。所以，有时候会出现"家长越是禁止孩子干什么，孩子就偏要干什么"的现象。而每当孩子出现叛逆事件的时候，家长往往是对孩子进行指责、甚至是打骂。但其实孩子在做这些事情的时候，都会有他们自己的想法。父母为什么不能静下心来听听孩子们的想法呢？

面对孩子这样的问题，首先应该纠正的就是父母对待孩子的态度。青春期之前，孩子是没有独立的想法与自我意识的，所以什么事情都要依靠父母。而进入青春期以后，孩子逐渐产生了独立的思想以及强烈的自我意识。于是，他们觉得自己能够解决问题了，自己已经是大人了，因此也就不想让父母为自己安排解决一切。而这种思想表现在生活中就是有自己的想法，反抗父母的安排。所以对于孩子的叛逆，父母要接纳，并与孩子多沟通，然后尽可能仔细地了解孩子的思维方式，再对孩子的想法进行针对性的指导。此外，父母可以告诉孩子们他们想法中不成熟的方面，然后告诉他们成人的处理方式，相信孩子们会在对比中进步。所以，从成长角度来说，孩子有叛逆期，不是坏事，这是孩子成长的必经阶段，如果不经历这个阶段，孩子们就不会成长为一个有独立思想的成人。

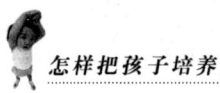

> > > 3. 给孩子插上想象的翅膀

美国著名心理学家沃尔夫冈·柯勒认为，孩子在三四岁的时候就已经会想象了。那个时候的他们认为自己与花草树木是一样的，花草树木都是会说话的，大灰狼可以跟小羊做朋友。在这个时期的孩子心中，所有的事物都是有思想的，都是友好的。然而，在孩子渐渐长大以后，想象力渐渐消失，在他们的心中逐渐形成了固定的思维模式，而有些人的想象力因为某些原因没有消失。

人们常说："社会进步的原因就是由一群异想天开的人把某些别人认为不可能的事情变成可能。"因此，想象力是人们进步的根本。所以，家长不仅不能想方设法去除孩子的想象力，在孩子对自己想象力遭到质疑时要给予鼓励和支持。

查尔斯·罗伯特·达尔文是英国著名的生物学家，是进化论的奠基人。但是，在达尔文小的时候，他的人缘并不好，因为同学们认为他太爱说谎了。

有一天，老师组织学生们到野外去玩。他们准备野餐，老师给每个人都分配了任务，而达尔文则负责到河边打水。在河边打水的时候，达尔文看到岸边有一块形状怪异、温润亮泽的红色石头，非常喜欢，于是他就捡了起来。在他看来，这块石头这样漂亮一定是一块宝石。因此，在碰到同学查理的时候，达尔文就告诉查理说："这是一块宝石，有可能是价值连城的。"

查理是班里有名的"大喇叭"，所以，没有多久，大家就都知道达尔文有一块价值连城的宝石了。于是，同学们放下手里的活儿，纷纷来找达尔文，要求观看宝石。达尔文是个热心肠的人，他很乐意把好东西与同学分享。同学们看到那块石头形状特别，而且很漂亮，便相信了这是块宝石。

当去拾柴的老师回来看到学生们都围在达尔文身边的时候，很是疑惑。他询问了学生之后，才知道这是因为达尔文的宝石。达尔文的老师略懂玉石，他拿过达尔文的宝石一看，明明就是石头嘛。于是，他对大家说明了真相，然后要求大家回到各自的岗位上去。

这一次的经历，谁也没有放在心上，人们以为不过是达尔文一次错误的判断而已。然而，在此后的日子里，达尔文这样的错误判断越来越多。比如，当他从泥土里挖出一枚生锈的硬币时，他会告诉同学这是一枚古罗马硬币；当他看到一只很漂亮的鸟的时候，他会说这是神的使者。

虽然老师把达尔文的这种行为认定为爱说谎，但当老师把这种情况告诉达尔文的父母，并要求他的父母纠正的时候，他的父亲却认为达尔文的这些行为不是谎言，而是因为他的想象力丰富。因此，达尔文的父亲不仅没有惩罚达尔文，还鼓励他继续这样。达尔文的"生物进化论"就是在这样的想象力中逐渐衍生出来的，而他的想象力的发展则得益于他父亲的鼓励与支持。

40多年前，在美国一位3岁孩子的妈妈状告孩子所在的幼儿园扼杀了孩子的想象力——那位母亲认为幼儿园教会了孩子英文字母以后，孩子不会再把"O"想象成太阳、苹果等东西了。这样的事情如果发生在中国，一定有很多人认为这位母亲是无理取闹，是绝对不会胜诉的。但她不仅胜诉了，还让美国政府修改了《公民教育保护法》。既然想象力对孩子来说如此重要，那么，父母应该如何引导孩子的想象力呢？

（1）引导孩子多观察生活。

想象力是在生活经验的基础上发挥出来的——如果要想象一个圆

是什么，你首先要知道生活中什么东西是圆的。所以要帮助孩子积累生活经验，孩子的生活经验越多，在面对问题的时候，就越是能把相关的事物联系起来，其想象力也就越丰富。这就要求家长在平时的时候，多带孩子出去玩，让孩子多与自然和社会接触，即引导孩子多观察生活。

（2）让孩子学会思考。

好奇是人们的天性，它可以引发人们的思考，孩子也是如此。大多数孩子都喜欢听故事，家长可以在讲故事的时候，适当地让孩子发挥他的想象，在故事的转折或者故事中主角遇到困难时，让孩子想象接下来的故事发展。

（3）在游戏中引导孩子的想象力。

心理学家认为，好的游戏环境能让孩子完全地接触周围事物，激发他们的好奇心，促使他们展开想象。比如，父母可以给孩子一件简单的工具，然后告诉他想怎样玩就怎样玩，相信他会想出很多种玩法。

（4）对待孩子想象力的态度。

当孩子把自己想的说出来时，都是把其当作事实来说的。即使孩子说得不对，家长也不能批评孩子，而是应该认真地听孩子诉说，然后在孩子说完后告诉他哪些是真实的，哪些是想象的，并且要鼓励孩子进行更多的想象。

想象是人们成功的翅膀，是孩子生活中的密友。没有了想象，孩子就失去了自己的天性。但是，想象力不是朝夕间就能培养出来的，这就要求父母在生活中为孩子创造好的环境，多加引导，从而充分引出他们想象的潜能。

>>> 4. 自卑——孩子成长的绊脚石

在成人眼中，孩子都是无忧无虑的。因为他们不用为生活中所需的吃穿用度而发愁。但实际上，孩子们有着自己的烦恼，其中就有自卑。对于孩子的自卑，父母不是看不到，就是看到了也置之不理。其实，孩子的自卑心理如果不能及时消除，是会给孩子的成长带来很大的影响的。

自卑的孩子往往认为自己没有别人强，不相信自己的能力，因此认为自己什么事情都做不好，以致他们一旦遇到困难，会很容易放弃。而且，他们很在意别人对他们的评价。因为自卑，这类孩子经常会怀疑别人不喜欢自己，把所有事情都往坏处想，而这很容易使他们产生抑郁的情绪。要想消除孩子的自卑心理，家长先要了解孩子自卑形成的原因。一般而言，导致孩子自卑的原因有如下几种：

（1）自身的缺陷。

有些孩子身上会有一些缺点或者身体上的残疾，如肥胖、身体残缺、口吃、学习成绩差等。很多人对于这些缺点会抱有一些异样的目光，而孩子在面对异样的目光时，就会怀疑自己，认为自己比别人差，从而产生自卑心理。

（2）孩子的生活环境。

家里贫穷的孩子，在吃穿用度上没有别人好，因此会产生自卑。而那些单亲家庭中的孩子，也会因为觉得自己没有完整的家庭而产生自卑。

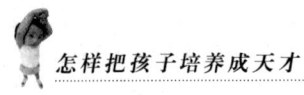

（3）别人对孩子不好的评价。

孩子缺乏正确认识自己的能力，他们对自己的认识完全来源于别人对自己的评价。如果别人对他们的缺点进行嘲笑或者讽刺，就很容易激起他们的自卑心理。

康多莉扎·赖斯是美国国务院国务卿，是美国历史上第一位就任该职位的黑人女性。赖斯于 1954 年出生在伯明翰，15 岁时成为丹佛大学的学生，主要学习英国文学和美国政治学。1988 年，赖斯被提升为国家安全委员会苏联事务司司长；1995 年，在老布什的安排下，赖斯与小布什见面；1998 年，赖斯专心辅佐小布什，并且成为了小布什的得力助手。而就是这样一位优秀的人，在小的时候也曾经受到过自卑心理的影响。

在赖斯出生的那个时期，黑人备受歧视，而她就是在这种歧视中长大的，因此小时候的她有些自卑。不过庆幸的是，她有一位伟大的母亲。

在赖斯小的时候，母亲带着她去伯明翰买衣服，服装店里的店员是漂亮的白人姑娘，看到赖斯母女进门，这位白人店员都没有要招待的意思，依旧自顾自地与其他客人聊天。赖斯母女对于这种情况见得多了，没有在意。但是，当赖斯选中一件衣服，想要去试衣间试穿的时候，那位白人店员却拦住了她，说赖斯要去的那间试衣间是专门给白人用的，黑人的试衣间在储藏室那边。

面对这样的情景，赖斯转身便要向储藏室的试衣间走去，却被母亲拉住了。母亲冷漠地对店员说："如果我女儿不能用这一间试衣间，那么我们不介意换一家店。"店员犹豫了一会儿，为了留住生意，便让赖斯使用了那间所谓的白人专用试衣间。但是，在赖斯进入试衣间以后，店员却在门口东张西望，好像是生怕别人看见她家店里的试衣间让黑人用了一样，这件事给赖斯留下了很深刻的印象。

不久之后，赖斯与母亲去另一家商店购物，看上了一顶非常漂亮的帽子，就拿下来摸了摸。但是，她这样的行为却遭到了白人店员的斥责。面对这样的情景，赖斯的母亲再次站了出来，她冷冷地对那位白人店员说："不要这样对我的女儿说话！"然后，母亲转身对赖斯说："孩子，你去把这家店里的每一顶帽子都摸一下。"开始的时候，赖斯有些胆怯，但是看到母亲坚毅的目光后，她便壮着胆子上前把每一顶帽子都摸了一下。然后，赖斯忽然觉得心情很好。虽然那位白人店员很生气，但她也只能在一旁看着。

对于这些歧视，赖斯的母亲这样对她说："孩子，这种歧视并不是你的错。记住，你是个优秀的孩子，你的肤色跟你是不可分割的，这没有办法改变，也同样没有什么错误。"

年幼的赖斯记住了母亲的话，抛掉了自己内心的自卑，开始努力学习。后来，这位出生在伯明翰的黑人女孩成为了美国历史上第一位女性非裔美国人的美国国务卿，并且登上了福布斯杂志"2004年全世界最有权势的女人"的位置。

对此，赖斯非常感谢她的母亲，因为要不是母亲的引导，或许她就不会有如此的成就。虽然自卑是人们取得成功的绊脚石，但大多数孩子的心灵深处都有自卑的心理，而且他们不知道怎样走出这些心理阴影。在这种情况下，父母就得引导他们走出来。那么，父母应该怎样引导孩子走出自卑的心理呢？

首先，要让孩子学会与人交流。现在很多孩子在人际交往方面有很大的困惑，他们不知道应该怎样与同学、老师相处，而且人越多这种问题就越严重。他们往往内心很渴望参与到大家的谈话中，但是又不敢说出自己的看法。因为他们总是觉得自己的想法是错误的，怕别人笑话他们。

为了让孩子学会与别人交流，家长就得让孩子正确地认识自己，发现自己的长处，并为孩子订立一个适合的目标，让孩子体验成功的喜悦，并告诉孩子，他很棒。

其次要教会孩子正确地与别人对比。孩子的自卑心理很多都是因为与别人对比产生的。在对比的时候，孩子们总是习惯用别人的长处

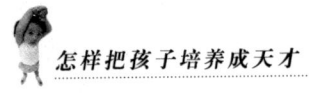

来与自己的短处相比，因此会产生自己处处不如别人的感觉，从而滋生自卑心理。所以，家长要教会孩子发现自己的优点，这不仅能够消除孩子的自卑心理，还能增强孩子的自信。

著名心理学家弗洛伊德认为，人的童年经历虽然会被逐渐淡忘，但是仍然留在人的潜意识中，并对人的一生产生深远的影响。而童年的自卑心理每个人或多或少都会有，所以在孩子成长的过程中，家长应该重视孩子的自卑心理，并及时帮助孩子走出这种心理阴影，让孩子无忧无虑地体味快乐的童年。

>>> 5. 父母要正确引导孩子，以促使孩子健康成长

父母都有"望子成龙"的愿望，希望自己的孩子将来有个好工作、好生活，能够幸福一生。但是，在孩子的成长阶段，有些孩子总是不能向家长期望的方向发展，甚至家长打过、骂过之后，依旧不见成效。那么，那些成功的家长是怎么教育孩子的呢?

蒂娜的女儿乔妮，自从进入青春期以后，性格就变得很暴躁，经常发脾气，渐渐地，她的人际关系变得很差——朋友们都难以忍受她的坏脾气，纷纷远离了她。这让乔妮很是苦恼，于是她向自己的母亲求助。

蒂娜安慰女儿说："亲爱的乔妮，我知道现在有点糟糕，但是相信我，一切都会好的。你要做的是让自己冷静下来，过一段平静的生活。"听了母亲的话，乔妮利用假期时间，来到了乡下的外婆家里。在安静的环境中生活了一段时间后，她的心情果然变得平静了许多。这时候母亲让她回家，并对她说："乔妮，在你发脾气之前，首先想想你为什么要发脾气，是哪一点让你觉得无法忍受了。"然后母亲给她准备了道具，用以控制她的情绪——两个一样的透明玻璃杯（里面都装了一半的清水），及白色和蓝色两种颜色的玻璃球。母亲对她说："每当你生气、发脾气时，你就把蓝色的玻璃球放在右边的杯子中；当你控制住自己的脾气时，就把白色玻璃球放在左边的杯子里。"

在这之后的一段时间里，乔妮都按照母亲的要求去做。忽然有一天，蒂娜叫来了乔妮，要求她跟自己一起去看看装玻璃球的杯子。当她们把玻璃杯里的玻璃球都拿出来后，发现放蓝色玻璃球的杯子里的

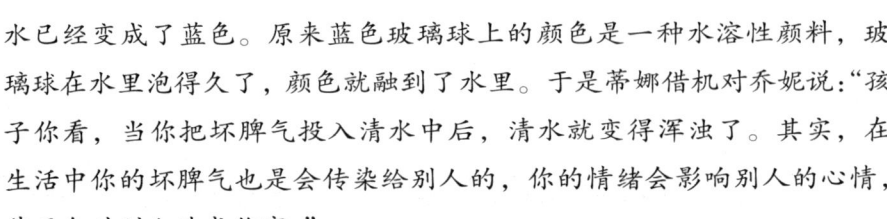
水已经变成了蓝色。原来蓝色玻璃球上的颜色是一种水溶性颜料，玻璃球在水里泡得久了，颜色就融到了水里。于是蒂娜借机对乔妮说："孩子你看，当你把坏脾气投入清水中后，清水就变得浑浊了。其实，在生活中你的坏脾气也是会传染给别人的，你的情绪会影响别人的心情，甚至会对别人造成伤害。"

乔妮想想以前发脾气的经历，发现母亲说的是对的。她依旧按照母亲的方法来控制自己的脾气。渐渐地，她发现，那个放白色玻璃球的杯子已经装满了白色玻璃球，而那个放蓝色球的杯子里却只有清水。同时，乔妮也发现自从控制住自己的情绪后，她的生活也发生了很大的变化——她不再烦躁，交到了很多好朋友，而且学习成绩也有了很大的进步。

孩子刚生下来的时候是一张白纸，而父母则是这张白纸的第一位老师，并且也是终身的老师。在孩子的成长过程中，会遇到很多的问题，父母要做的不是对孩子的错误做法进行批评，而是引导他们，与他们一起克服这些困难。有人甚至说："孩子的健康成长是百分之一的天性加上百分之九十九父母的引导。"那么，父母应该如何引导孩子健康成长呢？

（1）帮助孩子养成良好的习惯和礼仪。

好的习惯会让人终生受益。一个人幼年时受到的教育是这个人人生的启蒙，这一时期养成的习惯及形成的性格会影响他的一生。作为父母，一定要以身作则。孩子是一张白纸，父母是第一个在上面写东西的人，你写的是什么，孩子就会向什么方向发展。由于孩子在童年时期会下意识地模仿自己的父母，因此父母要为孩子做好榜样。

美国成功学大师卡耐基说过："一个人的成功，30%取决于才能，70%则取决于交际能力。"而礼仪在人际交往中是必不可少的，所以在孩子的童年时期，要教会孩子尊敬长辈、孝敬父母，并教孩子使用文明用语。

（2）与孩子做朋友。

父母都希望了解自己的孩子，但是现实生活中，因为年龄的差距、思想的差距，父母与子女之间会出现很多矛盾。在这种情况下，父母首先要做的就是摆正自己的态度，用民主的方式来教育孩子——父母独断专行的教育模式会抑制孩子的想象力，让孩子形成"父母说的全部正确"的潜意识。渐渐地，孩子就会在这种教育中失去自我。而要想避免这种情况出现，父母可以与孩子一起玩游戏，这样会让孩子更加信任父母，甚至会把父母当作朋友。而平时的时候多与孩子聊聊天，从孩子的角度来看这个世界，当你们观点一致的时候，是会很容易成为朋友的。

（3）让孩子说出自己的心声。

孩子在小的时候，只能通过哭来表达自己的不满。渐渐长大之后，孩子的语言能力加强了，就可以提出自己的一些想法了。也许他们的表达能力还不是特别好，让你有些听不懂他们的话，但千万不要打断他，不懂的时候你可以反问他。要知道，让孩子说出心声可以让家长更好地了解孩子的内心，并且有助于增强孩子的自我意识。

（4）少批评，多表扬。

人们都知道，"好孩子是夸出来的"。因为表扬可以提高孩子的积极性及自信心。所以，在孩子犯错误的时候，最重要的不是批评和指责，而是正确地给予引导。

总之，父母要正确引导孩子，以促使孩子健康成长。可以说，在孩子的成长中，父母是座灯塔，在孩子走错方向的时候，为他指引道路。

>>> 6. 如何看待失败，是走出失败阴影的关键

俗话说："胜败乃兵家常事。"虽然所有人都知道不可能一直成功，但遭遇失败时很多人还是会因此而沮丧、消沉。对于孩子而言，他们的心理承受能力较弱，不能正确地看待失败，往往会因此产生消极情绪，从而引起更大的失败。更致命的是，有些家长在面对孩子的失败时，会采取暴力惩罚的做法。其实，这样做对于孩子走出失败是没有一点好处的，反而会影响孩子的身心健康。所以，当孩子面对失败时，父母要做的是教会孩子正确地看待失败，并指引他们从失败中走出来。

著名演员英格丽·褒曼2岁的时候母亲就离开了她，从此她便与父亲相依为命，而在她12岁的时候，她的父亲也因病去世。童年的不幸与寂寞让她常常沉浸在自己想象的世界中，因此让她对表演产生了很大的兴趣。14岁的时候，褒曼就在自己的日记中写出了自己的梦想：希望未来能够有一天站在家乡的舞台上，让观众看到自己的表演。

18岁那年，褒曼准备进入戏剧界，但是她的监护人——她的叔叔奥图却想让她做销售员或者秘书一类的工作。两个人为此争执了很多次，奥图知道褒曼很固执，因此答应给她一次机会，让她参加皇家戏剧学院的考试，如果褒曼考上了就让她从事演艺行业，而考不上的话就要服从他的安排。

为了能够考上皇家戏剧学院，褒曼做了很多准备。她精心策划了一个表演节目，是一个很精彩的小品。内容是一个活泼的少女逗弄一个少年，其中有个情节是少女跳过小溪，双手叉腰，对着少年哈哈大笑。

考试前的很长一段时间，褒曼一遍一遍地排练着这个短小的小品。

在考试前几天，按照规定，褒曼给皇家戏剧学院寄去了一个棕色的信封。如果她考试失败了，这个信封会被皇家戏剧学院退回来；如果考试成功了，学院会给她寄来一个白色的信封，通知她下次考试的时间。

考试的那一天在褒曼紧张又期待的情绪中到来了，在考试前她无比忐忑，但是在她要上台的时候，她迅速地调整好自己的情绪，从后台助跑几步，一下子就跳到了舞台中间，她对着台下欢快地笑着，流利地说出了她的台词。这个时候，褒曼向评审台看了一眼，想看看评委们的反应，但是让她失望的是，评委们都没有看她——他们正在大声地讨论着什么，根本没有注意到舞台上的自己。

面对这样的情景，褒曼觉得很绝望，以至于在接下来的表演中连台词都忘了。这个时候，她听到评委团说："好了，小姐，到此为止吧，谢谢你，有请下一位。"

这时，褒曼觉得一切都变得十分灰暗，她觉得现在的自己只能做一件事情，就是去跳河。站在河边的时候，褒曼看着浑浊的河水有些犹豫了，但她突然想到自己以后要按照叔叔的安排，找一份销售或者文秘的工作，然后嫁一个她爱或者不爱的男人，就失去了继续活下去的勇气。因此，她鼓起勇气，慢慢地向河中央最深处走去，河水渐渐地淹没了她的小腿、膝盖。

这时，褒曼听见有人在叫她，她回过头，却看见了她的叔叔奥图。奥图急切地向她跑来，并劝说她不要做傻事紧接着，接着就把她从肮脏的水里拉了出来。

奥图对她说："亲爱的姑娘，结果还没有出来，你怎么能做这么愚蠢的事情呢？"褒曼依旧没有说话，只是呆呆地看着叔叔。奥图为褒曼讲了很多名人面对失败的故事来鼓励她。那一天的叔叔，让褒曼想起了去世的父亲——以前自己做事失败的时候，父亲也是这样安慰她的。想起父亲，褒曼忽然觉得自己现在做的事情有多么愚蠢，于是她

便打消了自杀的念头，与叔叔回家，准备过几天去找一份工作。

但是，第二天，有人告诉她皇家戏剧学院给她寄了白色的信封，让她去取，此时，她为昨天没有自杀而庆幸。很多年以后，当她已经是著名影星的时候，她遇到了当年那次考试中的一个评委。闲聊的时候，她问他："为什么当时你们不喜欢我？你知道吗？我还因为这而想过自杀。"

那位评委听到这些很吃惊，他说："亲爱的姑娘，我们怎么会不喜欢你，当你从后台跳出来对着台下笑的时候，我们就已经认定你了，我们与其他评委互相说着你的优点，我们认为不需要再看你接下来的表演了，那完全是浪费时间，于是便叫了下一位。"

褒曼在面对失败的时候选择了逃避，要不是她叔叔的引导，这个世界上就少了一位优秀的演员。因此，在面对孩子的失败时，引导是很重要的，它会为孩子铺出一条通往成功的道路。那么，家长应该如何引导孩子正确面对失败、走出失败呢？

（1）为孩子树立正确的失败观。

在孩子面对失败的时候，家长要让孩子知道，失败是普遍存在的。俗话说"失败是成功之母"，即没有失败就没有成功，所以，要培养孩子乐观的心态。

（2）与孩子一起分析失败的原因。

可以说，有失败才能发现不足，才能对此加以改正。当孩子身陷在某一事件中时，难免会看不清真相，家长此时要做的就是引导孩子正确地分析失败的原因，进而改正自己的错误。

如何看待失败，是走出失败阴影的关键，所以家长要引导孩子形成正确的失败观，以便日后在面对失败的时候他们能够从容应对。

第十二章

教育孩子容易犯的
8大错误

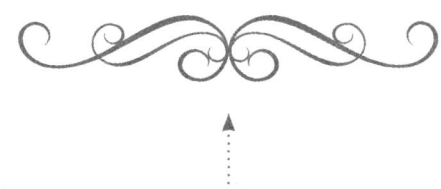

悉心地耕耘儿童意识的土壤，并且用美的种子来进行播种。

——苏霍姆林斯基

孩子身上存在的缺点并不可怕，可怕的是作为孩子人生领路人的父母缺乏正确的家教观念和教子方法。

——珍妮·埃利姆

成功的家教造就成功的孩子，失败的家教造就失败的孩子。

——泰曼·约翰逊

家长要细心去观察孩子的一举一动，去发现孩子的求知欲。

——木村久一

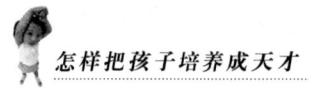

> > > *1.* 不惩罚不娇纵，如何正面养育孩子

　　每个孩子都会犯各种各样的错误，有些错误让父母啼笑皆非，有些错误让父母感到怒不可遏。不同的父母面对孩子不同的错误也会有截然不同的处理方式。有的父母严厉地面对孩子的过错，大声呵斥，甚至是体罚。这些父母惩罚孩子时的出发点，是为了更好地教育孩子，但往往事与愿违，孩子并没有在惩罚后记住教训，也没有因为惩罚而不再去犯错误。因为父母在惩罚孩子的同时，仅仅以粗暴的方式让孩子心有余悸，往往忽略了告诉孩子所犯错误的危害性以及正确的做法是什么。父母愤怒的训斥伤害了孩子幼小的心灵，并且孩子在遭到惩罚时害怕往往大于内疚，这让孩子并没有意识到什么是错的，什么是对的，甚至不知道什么是正确的做法。

　　对孩子犯错误，不注重方式的惩罚或家常便饭式的惩罚，可能会导致孩子以下几种情形：

　　第一，逆反。

　　父母也有犯错误的时候，当孩子犯错误遭受到训斥时他们就会想："妈妈犯错误,怎么没有人训？"这样孩子就会产生一种抵触心理。以后，再遭到训斥时，孩子往往表现出非常逆反的情绪："不管父母说的是对还是错，我就是不听你们的话，我就是不照你们说的做"，"怎样惩罚我也不怕，看你们能把我怎么样"……

　　第二，顺从。

　　这样的孩子很有可能养成怯懦的性格，"父母好可怕，他们说什么我就听什么，这样就不会犯错了"，但是事实上孩子往往并不明白自己真正的错误在哪里，也就不会懂得下一次该如何避免类似的错误，因为孩子仅仅是慑于父母的严厉和训斥。这样发展下去，往往会让孩子形成怯懦的性格，即便是成人以后，处理事情也是唯唯诺诺、毫无主见。

第三，父母与孩子有隔膜。

父母惩罚不当往往是孩子说谎的开始，也是孩子封闭自己的心灵、不再与父母进行交流沟通的开始，孩子因为畏惧父母的惩罚而远离父母，父母的惩罚往往使孩子与父母之间心理距离拉大。

第四，破罐破摔。

一些孩子往往因为父母的不当惩罚而对自己的行为刻下一个烙印，对自己说"反正我也不是好孩子，爱怎么样就怎么样吧"，这些孩子往往因为父母不容解释的训斥认定自己就是父母眼中的坏孩子。

所以，父母应该知道，即使是一些轻微的惩罚，对于孩子来讲，也要慎用，因为孩子既有敏感的自尊心，又有对是否公平的敏锐的感受能力。一个没有经过认真思考就做出的惩罚，会让孩子感到万分委屈，进而改变他对家长的看法，也会改变他对自己的评价。因此，父母要明白什么时候应该惩罚孩子，怎样做才能不伤害孩子的自尊心，怎样的惩罚方式让孩子明白自己究竟错在哪里。不能再用不当的惩罚方式给孩子造成伤害。

（1）找出孩子犯错误的原因。

著名的教育家苏霍姆林斯基说过："惩罚是一种敏感性极强的教育手段。"他认为惩罚的手段和方式不应该是简单粗暴的，因为惩罚的目的是为了让孩子明白自己错在哪里，怎样避免犯同样的错误，也许在简单粗暴处罚后，对孩子会有一定暂时的威慑力，但这个功效并不会太长，因为孩子没有从内心明白，进而认同父母的观点，因而不会对其产生一个良好的、长期有益的影响。

他还进一步指出："应该认真地考虑一下，是什么因素促使孩子犯错，应该把你们自己放在孩子的位置上，你们就会相信孩子是能够通过自己的努力改正错误的。"

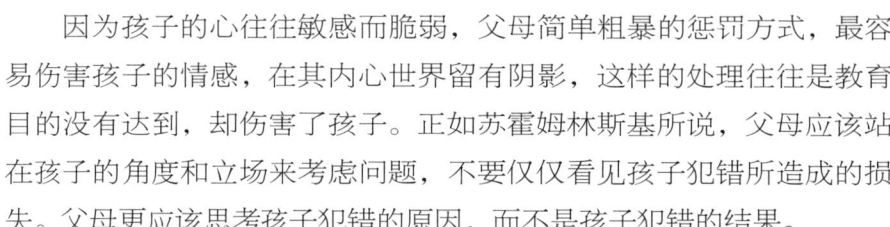

因为孩子的心往往敏感而脆弱，父母简单粗暴的惩罚方式，最容易伤害孩子的情感，在其内心世界留有阴影，这样的处理往往是教育目的没有达到，却伤害了孩子。正如苏霍姆林斯基所说，父母应该站在孩子的角度和立场来考虑问题，不要仅仅看见孩子犯错所造成的损失。父母更应该思考孩子犯错的原因，而不是孩子犯错的结果。

（2）不因打翻牛奶瓶而受惩罚。

史蒂芬·葛雷是个曾经取得过重要医学成就的科学家。据他自己讲，小时候发生的一件事情对他影响很大。

有一次他尝试着从冰箱里拿一瓶牛奶，却不料失手将瓶子掉落在地上，牛奶溅得满地都是。他的母亲并没有对他大呼小叫、教训或惩罚他，只是说："哇，你是想给我们的地板洗牛奶浴。反正牛奶已经洒了，在我们清理它以前你要不要在牛奶中玩几分钟？"小葛雷欣然接受。几分钟后，他的母亲说："你知道，每次当你制造这样的混乱时，最好要把它清理干净并且物归原处。所以，你想这么做吗？我们可以用一块海绵、一条毛巾或一只拖把。你喜欢哪一种？"他选了海绵，于是他们一起清理打翻了的牛奶。他的母亲又说："我们在用两只小手拿大牛奶瓶上已经做了个失败的实验，现在我们到后院去，把瓶子装满水，看看你是否可以拿得动它。"通过这次"犯错"，小葛雷学会了如何抓大奶瓶，如果他用双手抓住瓶子上端靠近瓶嘴的地方，就可以拿住它而不会滑掉。

许多年以后，这位知名的科学家回忆说，那一刻他知道他不需要害怕错误。除此以外，他还学到，错误只是学习新东西的机会。对于科学实验也可以应用这个道理，即使实验失败，也还是可以从中学到有价值的东西。

（3）惩罚孩子要作换位思考。

莎莎是个9岁的小女孩，她有一个7岁的妹妹莉莉，两姐妹性格迥异。莎莎活泼爱动，但有些毛躁，莉莉却十分文静，做事有始有终，很有条理。妈妈经常在莎莎面前说："做完作业后把你的东西整理好，不要放得到处都是，看你妹妹的多整齐。"妈妈常常这样说她，但莎莎却毫无改进，以前还略微收拾一下，现在却似乎连做样子都不肯做了。妈妈看她这样火气更大了，于是就将莎莎狠狠训斥一顿，命令她马上将东西收拾好。这时候莎莎干脆不理妈妈，转身就走出了门，妈妈很是恼火但也毫无办法。

后来妈妈在咨询了儿童教育专家以后，才知道，其实莎莎懂得做完作业要把东西收拾好的道理。因为即使在家里训练不够，在学校里也应该受到足够的训练。但是她不肯照办的原因是因为妈妈拿她与小两岁的妹妹比较，指出自己不如妹妹。这很伤她的自尊心，因此不愿为了追随妹妹这个榜样而改变自己的行为。她是姐姐，却要向妹妹学习，这会让她觉得很没面子。因而下定决心，无论妈妈怎样讲都不予理睬。而妈妈后来粗暴简单的训斥方式，更让莎莎产生了逆反心理：妈妈越是这么说，自己越是那么做，与妈妈唱对台戏。

明白了莎莎不停地犯错误的原因，妈妈就很容易对症下药了，而不是继续沿用过去大喊大叫却毫无成效甚至适得其反的做法。

（4）孩子有错，父母要及时妥善处理。

通过以上内容，我们知道了处理孩子犯错时方法的重要性。那什么样的方法是最合适的呢？

①规劝。

孩子总会犯这样那样的错误，父母该如何教育孩子呢？小孩子之间经常发生诸如吵架、抢夺玩具，甚至互相撕扯打闹。此时，父母应该先放下手边的工作，及时走到孩子身旁，让孩子知道你正在注意和关注着他，然后详细询问孩子争执、吵架的原因，并耐心听取孩子的想法。然后再针对孩子的具体情况，让孩子能够理解打人、抢夺都是不正确的，并要求孩子学习说文明用语"请、谢谢、对不起"，教导孩子如何与其他人相处。但是父母要特别注意，不要用很大的声音去强迫或威胁孩子；不要不问缘由直接将孩子拉开，接着大声地对孩子进行训斥；不要在言语上过多地伤害孩子的自尊心。

②仅仅针对错误本身。

在发现孩子出现错误，对孩子进行处罚的时候，父母一定要注意应该针对的是孩子所犯的错误，而不是孩子本人，要就事论事地摆事实、讲道理，不要让孩子感觉做了错事就是坏孩子了。要和孩子讲明，每个人都会犯错误，只要及时改正就是好孩子。

③严宽相济。

"严"是指父母要正确地认识孩子犯错误的行为，不要忽略孩子所犯的每一个小错误，不要认为这点错误没关系。但是在严格的同时也要注意，不能一看到孩子的错误就过于紧张，并且对孩子进行过于严厉的批评。因为如果仅仅是批评或大声的斥责，却没有让孩子真正领悟到所犯错误的严重性的话，一切都是徒劳的，这样的教育是不能让孩子信服的，孩子往往会继续犯错误甚至更严重。

"宽"是指父母应该谅解孩子所犯的错误，因为每一个人都会犯错误，尤其孩子，他们犯错往往是不自觉的，所以对于孩子的错误，尤其是孩子的第一次错误都不要处罚得过严。因为那样往往会导致相反的结果。

④讲究方式、方法。

以打骂的方式处罚孩子是失败的教育。在处罚孩子时，父母的态度一定要严肃，但方式、方法不能过于简单粗暴，因为这样只会让孩子产生冷漠情绪，对于从根本上解决问题则毫无益处。

如果孩子所犯错误的性质不严重，就让孩子自愿地接受处罚，比如孩子上学忘记带课本，就让他接受老师的批评，或者回家去拿，为自己的错误付出代价；如果孩子犯了错误，又没有受到处罚，那么，这个时候父母应该及时地对孩子的错误行为进行纠正，但一定要注意措词、语气，不要有任何威胁、恐吓；如果孩子犯的错误很严重，如经常做一些危险动作，脾气暴躁经常与同学打架等等，对于这样的错误，父母一定要坚决地采取措施，让孩子认识到自己的错误，以及继续这样做所产生的危害性，但是需要注意的是处罚不是目的，目的是让孩子认识到错误的严重性和危害性，让他们能够心悦诚服地认错、改错。

⑤**及时处理。**

生活中常常有这样的情况，孩子刚做了一件好事，却得不到父母的表扬；或者孩子并没有什么过错的时候，却招来父母的责备和处罚。孩子感到很委屈，他并不知道这个莫名其妙的处罚其实是因为过去很久前犯下的错误，父母当时没有发现而未进行处罚，等到后来发现的时候，却揪着过去的错误不放。这样的做法往往容易产生副作用，容易令孩子产生抵触情绪，同时也无法解决问题。

处罚孩子的最好时机，就是孩子刚刚犯了错误在自我反省的时候，这个时候及时地对孩子进行教育，就会收到良好效果。

⑥**父母的态度不要过于随意。**

有的父母主观性强，对于孩子的处罚很随意，面对孩子的错误容易受情绪影响。父母情绪不好的时候，就加重对孩子的处罚；而情绪好的时候就从轻处罚。这样往往令孩子感到无所适从，养成看父母脸色做事的坏习惯。

> > > 2. 不要逼孩子做不喜欢做的事，不要把自己的压力压在孩子身上

如今的父母越来越注重培养孩子的各项技能，但很少有父母能够仔细想想："孩子，你喜欢的究竟是什么？"

孩子不是超人，基础也各不相同。每个孩子都有自己喜欢的东西、都有自己的见解，但是父母却不管这些，一味地根据自己的喜好，或者根据社会上的热门领域来培养孩子的爱好和兴趣，即便耗费大量的时间和金钱也在所不惜。于是乎，不知疲惫的父母一边领着孩子在各类培训班之间奔波，一边斗志昂扬地说："不能让孩子输在起跑线上。"可是结果往往会让父母大失所望，许多孩子非但没有掌握知识技能，反倒对所学的东西产生强烈的抵触情绪。之所以会这样，是因为父母在让孩子学这学那的时候，很少考虑孩子的兴趣，很少让孩子选择他自己喜欢的事情。父母往往把孩子的想法看得不是那么重要，认为小孩子能有什么正确的选择，小孩子什么都不懂，还得需要父母的指导。可是，世上有些东西也许能够指导，但是爱好和兴趣却不能指导，爱好和兴趣是由一个人的性格和天分决定的，父母只是做一个伯乐，发现孩子的天分和爱好，而不能强迫孩子产生某一方面的兴趣和爱好。否则，只能起到拔苗助长的效果。

教育学家卢梭说过："让孩子做自己喜欢的事情，不是让孩子做你喜欢的事情。"有些父母会把孩子当作私人物品，会替孩子决定和选择许多事情，但过多地干涉孩子的选择，忽视孩子的个性和喜好，会导致天才的消逝。莎士比亚说过："学问必须合乎自己的兴趣，方才可以得益。"有多年教育经验的王涑石教授也在自己的书中阐述道，让孩子根据自己的兴趣去学习，往往会产生意想不到的效果。忽视孩子的喜好只会扼杀孩子的兴趣，最终导致天才变成庸才这种悲剧的发生。因此，尊重孩子的爱好和兴趣，是每一个父母必须要做到的事情。

小强是一个很有爱心的小男孩，他每天上学放学都会路过一个花鸟宠物市场，这里有小狗、小猫等宠物。每次经过，小强都会停下来静静地看一会儿，时间长了，逐渐对这些小动物们产生了兴趣。

他特别喜爱那些调皮可爱的小狗，因为他曾在一本小说中看到主人公的那条狗非常忠于主人，还几次在主人生命攸关的时刻，机智地救了主人。于是，小强也想拥有一只这样的狗，但是和父母央求了几次都没有效果。然而他实在是很想养一只小狗，于是就自己偷偷地用零用钱买了一只。

有了小狗以后，小强高兴地给小狗做窝，每天定时给小狗喂牛奶，认真地训练小狗在指定地点大小便，定期给小狗洗澡，并耐心地用电吹风把小狗的毛吹干，神气地率着小狗出去散步，甚至和小狗同床而眠。小狗不断长大，小强也不断设计出新的训练方案，并且耐心地、严格地实施，还经常到书店用零花钱买养狗方面的书。

他已经沉醉到养狗"事业"中去了，甚至最后还对父母宣布要成为一个出色的驯养师。这下父母可着急了，原想着让孩子养狗仅仅是让孩子不再寂寞，有一个玩伴就好，哪里想到小强居然要以此当作自己以后的事业方向，这可大大地出乎父母的意料。爸爸妈妈怎么能允许这种事情发生呢！爸爸妈妈的心中自有给小强未来的另一番规划，怎么能被这只小狗打乱呢！

于是，他们趁小强不在家的时候偷偷地送走了小狗。小强本来是个很内向的孩子，送走小狗之后更加沉默了，学习成绩直线下降，爸爸妈妈慌了起来，小强是怎么了？苦于没有途径获得小强的想法，爸爸妈妈偷偷地看了小强的日记，只见日记里写了许多思念小狗的话，

其中有一段话语让小强的父母很是触动："我长大想当个好的驯兽师，我长大想去训练警犬，要去训练好多的警犬，然后让它们去抓坏人，我要做个正义的卫士……""爸爸妈妈送走了我的小狗，我很伤心。我做不成驯兽师了，爸爸妈妈叫我做个钢琴家，可是我讨厌坐在那里一动不动地弹琴，什么时候能再见到我的小狗，我想离开这个家，去找我的小狗……"

其实无论孩子的兴趣、爱好与父母的理想有多大的偏差，那都是孩子最真实的想法。扼杀孩子的兴趣，强迫孩子遵从父母的意愿会不利于孩子的成长，会给孩子造成心理上的伤害，甚至留下阴影。因此，父母不妨听听孩子的想法，尊重孩子的选择，让孩子做他喜欢做的事情。

（1）帮助孩子选择适合自己的爱好。

父母不能把自己的意志强加给孩子，也不能在兴趣的选择上替孩子做主。但是父母可以根据孩子的兴趣和爱好来帮助孩子更好地选择方向。什么样的兴趣适合自己的孩子，父母心中应该有数，应做到在平时的生活中细致观察孩子，留意孩子一些细小的问题，因为这都是孩子性格的展现。只有充分地了解自己的孩子，才能根据孩子的特点来帮助孩子选择适合自己的爱好。

（2）注意培养孩子兴趣的持久性。

孩子毕竟是孩子，即使尊重孩子的意愿，让孩子做他喜欢做的事情，一旦遇到困难，孩子也可能选择逃避。尤其是如今的独生子女，长辈的娇惯让许多孩子弱不禁风，哪怕遇到一点困难就会产生退缩的心理。这个时候，父母就要起到鼓励和监督的作用，要让孩子明白一个道理：既然这是你的选择，是你喜欢的，你就要勇敢地坚持下去，无论遇到什么样的困难都不能轻易放弃。

（3）当孩子做他喜欢的事情时，应给予适当的鼓励。

让孩子做他自己喜欢做的事情，不是说父母仅仅是做一个旁观者。要知道，与孩子共同努力做一件事情是增进父母与孩子感情的很好途径，更重要的是，这件事情是孩子喜欢的事情。如果这个时候父母能够在孩子身旁，提供一些建议和帮助或给予适当的鼓励，会赢得孩子的信任，也会给孩子莫大的信心和动力，从而让孩子有更加出色的表现。

>>> *3.* 让儿童远离"焦虑症"是父母的必修课

　　"为了父母，我必须好好学习，一定要考上一流的大学。"

　　"要不是为了父母，我才不读这破书呢。"

　　"奶奶快把我逼疯了，她整天唠叨，什么谁家的孩子考上了哪所重点大学，什么你怎么学习成绩总不见起色，什么这次考试又因为马虎丢分了……我现在对学习厌倦透顶，一上课脑子里就想着她的唠叨，根本学不进去。烦死了！"

　　"爸爸是个数学老师，虽然从不打我、骂我，也很少关注我是怎么学习的，但我仍然十分怕他。因为，他只看我的成绩，有了进步他才高兴，便夸我奖励我。可是只要我的成绩没有进步，他一看见我就拉下脸来，有时两三天都不理我。而且光考高分不行，必须有进步。马上就要中考了，我担心极了，考砸了怎么办？天啊，我一想到爸爸的反应，就觉得自己快要崩溃了。"

　　……

　　孩子越来越焦虑，他们焦虑自己的学习，焦虑未来，甚至还会有莫名的焦虑。焦虑是青少年中较常见的一种情绪，这种情绪往往和精神打击以及将来的、可能的威胁或危险相联系，在主观上感到恐惧、烦躁、担心、紧张、不愉快甚至痛苦等，这种情绪难以自制，严重的时候还会伴有一定的生理反应。

　　焦虑的孩子对外界反应异常敏感。他们不善于用语言及情感发泄来表达内心的焦虑情绪。有强烈焦虑感的孩子，对外界事物，比其余孩子更敏感、多虑。这些问题经常出现在一些温顺、老实、守纪律的孩子身上，他们在父母心目中是乖孩子。平时他们对自己的克制能力较强，对待事物认真、负责，但是过分紧张，特别是对于陌生环境、陌生事物，更容易表现出焦虑反应甚至惶恐不安。有的孩子对学习过度紧张，害怕考试成绩不好；有的到了新的学校，担心与同学处不好关系；有的还因为自己的缺点，怕受到老师的批评，而不敢去上学等。心理专家认为，相当一部分孩子的焦虑情绪是由于家长期望过高，孩子害怕达不到家长预期的要求，担心受到责备而造成的。

比如，吴女士尽一切可能节省女儿的时间让她多学习，自己包办了孩子生活中的一切。为什么会这样呢？因为吴太太对社会的变迁感到焦虑，觉得自己适应不了目前激烈的竞争。但是，她又没有能力去提高自己，于是就暗暗希望女儿能考上名牌大学，在社会竞争中"抢占制高点"。所以，她有劲儿就往女儿身上使，而不是往自己身上使。这种心理转嫁机制在家长的身上比较普遍。

吴女士的做法还可以理解，可是有一些家长的做法就不值得提倡了。20 世纪 90 年代初，一位生活在青海的上海知青母亲就因为儿子考试成绩与自己的预定的分数少了 2 分，竟将自己的儿子活活打死。这位知青母亲将自己重回上海的梦想全部寄托在儿子身上，她认为考上大学是儿子能够代替自己回到上海的唯一途径，所以，看到孩子成绩没有达到自己的预期，感到极度失望，感到自己回到上海的梦想破灭了，就对孩子大打出手。

总的来说，不管孩子自身的先天条件如何，焦虑类型如何，其焦虑的根源还是来自不良的环境和不正确的教育方法。有些家长对孩子百依百顺，过度呵护，当孩子走出家庭步入社会，就如温室里的花朵，经不起一点风吹雨打，这样即使是一丁点儿的不顺心，就可能会使孩子产生焦虑情绪；还有的家长"望子成龙，望女成凤"之心过于急切，很少考虑孩子的承受能力，对孩子要求过高；有的家长甚至采取严厉的惩罚措施，这些都会使孩子产生严重的焦虑情绪，比如，"不写完作业，就别想吃饭"，"仔细点，写错一个字，你就再重抄 100 遍"，"这次你

要是考不到 90 分,暑假就别想出去玩"等等,以至于孩子整天担惊受怕,从而出现很强的焦虑反应。

（1）焦虑症的表现。

我国教育心理学专家张大均说：“焦虑是包括抑郁症、强迫症等在内的各种神经焦虑症状的共同特征。焦虑是由紧张、不安、忧虑和恐惧交织而成的一种情绪状态。”张大均还认为，即使是正常的成年人面临压力，特别是在个人自尊心受到威胁时，也会出现焦虑反应。更何况是孩子，他们的自尊心受到威胁更会焦虑，除此之外还有对来自家长惩罚的恐惧、对学业的忧虑、对成长中的困惑等等，比起成人来说他们多了一些特有的焦虑。可见孩子的焦虑还是有自己的特性的。

瑞士心理学家波纳认为：“孩子焦虑心理是指预感到似乎将要发生某种危险或不利情况而又难以应付而产生的精神压力。过度焦虑会使孩子失眠、坐立不安、恐惧惊慌、浑身难受、呼吸困难、肌肉搐动、血压升高，甚至会感到心要跳出来。有的人还有出汗、肚子疼痛、尿多、心烦意乱、不愿见人、注意力不集中、哭闹不止等症状。如果焦虑得不到及时控制，会引发精神疾病。”这就是为什么有些孩子考试前会出现感冒、腹泻的原因，这都是由于考试前焦虑引起的生理反应。卡巴尼斯是法国知名的生理心理学家，在他看来，内部感觉是对人体自身的内脏肌肉和膜等状态的感觉，即现在所说的机体感觉和本体感觉。卡巴尼斯认为这些内部感觉常常是人们意识不到的，但对个人的心理状态却起相互调节作用，这些作用最后会通过生理机制表现出来。有些家长、老师经常劝告孩子：“不要紧张”、“压力不要太大”、“紧张的时候深呼吸”，这时有的孩子就会说“我没有紧张呀”，其实内心深处的紧张、焦虑，有时他们自己都意识不到。正如卡巴尼斯所说，考试还是对孩子们的心理状态起一定的作用，而这些作用通过前面所说的“感冒”、“腹泻”，及故作轻松等体现出来。

另外，据荷兰心理学家斯宾诺莎研究发现，焦虑心理与儿童的性格特征、情绪特点、成长环境、家庭与社会教育等因素有关。存在焦虑心理的孩子大多懦弱、胆小、多疑、敏感，缺乏自信心，同时自尊心又很强。还有一个很大的诱因是，从小备受家庭宠爱的孩子，一旦遭到挫折，也容易诱发此病。

（2）放松，淡化——治疗焦虑。

陈漱溟是一名正上初二的女孩，成绩不错，但让她头痛的是语文。为什么呢？因为初中一年级的一次期中考试她在语文考试上栽了跟头——当时只考了 62 分。从那以后，只要是考语文，漱溟就寝食难安，总是担心语文考不好。最后发展到了，一上语文课她就想打瞌睡，而且每到考试的时候，她就十分紧张，尽管她一再告诉自己说："要沉住气！沉住气！"可是还是紧张得要命，有时紧张得满头大汗，手心也是汗水淋淋。如果稍微有一道题做得不顺利就觉得耳旁似有千军万马一样，眼前立刻浮现出考试没有考好的种种后果。但实际上，每次考试的成绩都没有她想的那么差，但就是怎么也改不了厌倦语文、害怕语文考试的毛病。其实，以前漱溟的语文一直都很正常，语文考试成绩也不错，排在前十名，就是因为那一次期中考试的失误，变成现在这样，一考语文就紧张害怕。每次考试之前，爸爸妈妈、老师都会告诉她不要紧张，不必这样压抑，应该适当放松，这些对漱溟不但不管用，有时候反而让她更紧张了。

无奈爸爸只好带着漱溟去看心理医生了，医生听了漱溟的讲述，告诉她说："这是一种反射性的心理异常。"对于漱溟的情况，医生建议，平时家长不要在乎考试，就当生活中没有考试这件事情，家长应从自己的角度先淡化考试。另外周末的时候对漱溟进行有针对性的训练。比如，自己设计几张语文试卷，让漱溟像真正参加考试那样，当然，在训练时尽量要模拟学校考试氛围。

后来，在家长、老师和同学的配合帮助下，一步一步扩大了模拟的规模，一段时间以后，陈漱溟终于不再害怕考语文了。

从陈漱溟的事例中可以看出，一般焦虑的孩子比较聪明，也比较敏感，他们大都比较在乎别人对自己的看法，像陈漱溟担心考不好时，

首先想到的是爸爸妈妈失望的表情和同学们的眼光。如果父母一直不很在乎孩子的成绩，抱着一种只要孩子努力，成绩好坏与否无所谓的态度，那么陈漱溟就不是那么在乎考绩的结果了，也就不会产生焦虑了。

（3）和孩子一起科学应对焦虑。

面对焦虑症的孩子，家长们要反思：在养育、教育孩子的过程中，是否给了他过多的压力刺激？家长要找到产生问题的原因，再采取相应的心理治疗，严重的需要药物治疗。

第一，家长要端正对焦虑心理的认识，弄清楚孩子焦虑的原因，增强孩子的心理承受能力。让孩子懂得过度焦虑解决不了任何问题，只会倍添烦恼；只有踏踏实实地做好每一件事，问题才会解决。

第二，家长自己要率先甩掉焦虑。家长的敏感、多虑、缺乏自信等问题，常常可能在孩子身上反射出来。所以，面对孩子的焦虑表现，家长先要把握好自己的情绪，沉着、冷静、自信、果断，避免大惊小怪；将内心的焦虑彻底甩掉。当孩子被焦虑困扰时，他们最需要的是心理支持，看到父母对此的"无所谓"态度，希望爸爸妈妈轻松地和自己一起积极寻找应对策略。这会逐渐淡化孩子对焦虑的感受。

第三，对待焦虑的孩子，比较好的办法是每天给他们足够玩的时间，让他们彻底放松。根据孩子的实际情况，合理地提出学习的要求，帮助孩子克服困难，养成遇事不慌、沉着冷静的处事习惯。为孩子制定学习目标，应遵循"兴趣第一、量力而行"的原则。年龄、智能水平是不可忽略的依据，可以高出其实际能力一点点，让他稍稍努力就能达到，让孩子看到可喜的成果和自身的潜力，让孩子明白只要努力就有希望；不苛求孩子、更不能让孩子头脑中牢牢绷紧"第一、最好"这根弦。如果父母为了"赶进度"逼孩子，或孩子急大人更急，孩子的焦虑症状就会恶化。

第四，家长要努力营造和睦的家庭氛围。容易焦虑的孩子时时担惊受怕，内心敏感、容易受伤，一点风吹草动都会引起他们的情绪波动，因而特别需要一个温馨、和睦、踏实，能给他们安全感的家，父母的体贴、呵护、安慰和精神上的引领，能有效地降低孩子的焦虑指数。所以，父母不论有多大的分歧，也不要在孩子面前表露出来，更不能吵闹，避免刺激孩子。

第五，要帮助孩子学会自我安慰、自我暗示。当预感到要发生问题时，要控制自己的情绪，警告自己不要往坏处想，想也没有用。学会鼓励孩子，当孩子做错了事或情绪不稳时，告诉他"没关系"、"大胆些"、"不要怕"、"再试一次"、"爸爸妈妈相信你"之类的话，一段时间以后，孩子可能会走出焦虑，建立起自信，学会应对困难，并形成开朗乐观的性格。

第六，帮助孩子放松心情、宣泄情绪，鼓励孩子把压抑的原因和内心秘密向知心朋友说出来。家长要耐心倾听孩子的心里话，与孩子建立良好的信任关系，让孩子在父母面前不设防，自觉自愿地吐露内心的忧虑。在听孩子述说时，爸爸妈妈对他所说的内容及时作出反应，对其痛苦适当地表示同情，这有助于孩子将心里的压力释放出来，消除顾虑和紧张情绪。

第七，多让孩子参加社会活动，找一些有意义的事情去做，分散注意力，减轻焦虑心理。多给孩子尝试的机会，比如，如果孩子在小朋友面前讲故事总是卡壳，父母就可以每天设定 10 分钟的"讲故事时间"，全家人当听众，讲完之后给孩子鼓掌；也可请一些孩子的朋友到家里来，搞个小聚会，为孩子创造在众人面前说话的机会。

最后，患有严重焦虑症的孩子要进行必要的药物治疗，家长们千万不能回避这个问题。通常，安定类药物和抗焦虑药物效果比较好，但一定要在医生的指导下按剂量服用。

>>> 4. 为孩子的情绪解套——
父母如何读懂孩子的心灵世界

　　有的孩子原本学习很勤奋，这让父母又省心又欣慰，但是突然，这个勤奋的孩子好像对一切开始厌倦——做作业开始应付了事，甚至拖拖拉拉，对于平时十分关注的事情也不再积极，对父母交代的事情，总是敷衍了事，这往往令父母迷惑不解或者简单地认为自己的孩子变懒了。

　　其实再勤奋的人也有疲倦的时候，更何况是孩子。

　　有时候孩子消极地去做某些事情是有许多客观原因的，父母不能一味地把孩子的消极表现认定为懒惰。造成孩子消极的原因有很多，有的是因为在某些时候孩子的自信心和积极性受到了打击而不愿意再继续努力；有的是因为父母教育方法不适当，令孩子产生了逆反情绪。

　　针对孩子出现消极情绪这一问题，教育专家王馨平分析说："当孩子情绪低迷的时候，往往是孩子失去方向、不知所措的时候，这是一个信号——是孩子向外界求助的信号，孩子在说自己遇到了问题，需要帮助。如果此时父母看不到孩子消极背后的深层次原因，仅仅简单地把孩子的消极表现归结为孩子的懒惰，只能说明父母并没有走进孩子的内心世界，并没有真正地关注自己的孩子。另外，一味地忽视和错误地指责会把孩子推向父母的对立面，这样的话孩子只能把自己的真实的困惑更深地掩盖起来，最终造成父母孩子之间的隔膜。"

　　因此，当你的孩子出现消极情绪时，父母只有弄清楚了孩子这样做的原因是什么，是什么导致孩子这样反常，才能进一步针对孩子的具体情况。

（1）孩子消极，父母要对症下药。

小芳是一个安静听话的孩子，常常坐在家里静静地思考，在学校里小芳也总是一个人独来独往，没有什么很要好的朋友。父母、老师、同学都已经习惯了安静的小芳，有的时候甚至忽略了她的存在。可是，在考试前的一段时间里，小芳的行为却十分反常，在学校时不再认真地听课做笔记，老师布置的作业也经常不能完成；在家里则是更加安静，不愿与父母交流，吃过晚饭就回自己的房间，一直不肯出来，甚至对父母的态度很不以为然，对父母的吩咐也总是消极抵抗。起初，父母并没有在意，因为平时的小芳也是这么安静，直到老师找到了小芳父母后，他们才知道小芳最近的反常情况。小芳的爸爸想立即把小芳叫过来并训斥一顿。但老师和妈妈拦住了爸爸，并让激动的爸爸冷静一下，好一起找到小芳"懒惰"的真正原因。妈妈说，自己可以先和小芳谈一谈，聊一聊小芳最近的生活。此时，爸爸也反省说，自己由于忙工作，虽然总想和女儿谈谈心，却总是没有时间。于是，妈妈特意在晚上走进小芳的房间，和女儿聊天。

一走进房间，妈妈就发现女儿在摊着课本的书桌旁发呆。看见妈妈的小芳，急忙装出正在努力看书的样子。可是妈妈好像并没有在意小芳的"偷懒"，妈妈坐在女儿的身边，抚摸着小芳的头发，耐心地询问了孩子在学校的行为的原因，小芳低着头，小声地向妈妈道出了原委。原来安静的小芳内心很孤独，因为在家里她是独生子女，而父母的工作又很忙，几乎和小芳没有心灵上的交流，于是小芳的心事不知道说给谁听。更为重要的是，在学校里，小芳没有朋友，除了学习成绩好以外，一点也不引人注目，这让小芳突然产生厌学的念头，想着如果做一个坏学生是不是就会引起别人的注意了，于是她故意拖拉作业，上课也不认真听课。但是小芳内心又很排斥这种看似"懒惰"的做法，所以心里总是十分彷徨，情绪十分低迷。

了解了小芳"懒惰"的真正的原因以后，父母首先加大了对小芳

关心的力度，不仅在学习和生活上关心女儿，并且更加关心女儿心灵上的需要。之后，父母针对小芳内向不善交谈的特点，鼓励她走进同学中，扩大自己的交友圈子。

（2）孩子消极，父母该怎么办。

①当出现问题时切忌盲目斥责。

有的父母爱子心切，看见孩子身上有一点缺点就无法接受，盲目斥责甚至体罚。其实这些是父母急切的"爱"的一种体现，但是这种"爱"往往并没有解决实质的问题，却会导致孩子逆反心理的产生。

②真正了解孩子，多多关心孩子的想法。

忙碌的父母往往会忽视孩子内心的渴求，仅仅是把孩子的物质生活照顾得很好，或是在孩子的学业上积极帮助，这些都还不够，对孩子来讲内心的需要得不到满足，将给他的人生带来严重的影响。真正地了解孩子，要多多地关心孩子。能够经常地与孩子进行语言和心灵上的沟通，这是了解孩子想法的根本途径。

③针对孩子的问题，帮助孩子走出"懒惰阴影"。

首先，创造轻松的环境。父母应该创造一个没有压力并且相对宽松的生活环境和学习环境。针对内向的孩子，可以让几个性格内向的孩子在一起玩耍，这样孩子彼此之间因为没有自卑感而比较容易沟通，同时也能够让内向的孩子主动开口说话；另外，可以让内向的孩子与比自己小的孩子一起玩耍，这样也能消除他的消极情绪。

其次，多鼓励孩子。父母的鼓励和激励对孩子来说是十分重要的，因为父母的鼓励是对孩子的一种认同，同时还会增加孩子对父母的信任度。因此，父母不要吝啬对孩子的赞扬，多说一些诸如"我觉得你做得真棒"、"你一定行"、"就这样做，加油"之类的话。

总之，父母要多了解孩子消极的原因，采取一定的方法，多鼓励、了解孩子，这样，就能化消极为积极，使孩子不再"懒惰"。

> > > 5. 别把坏习惯"传染"给孩子

当孩子还没有与外界有更多的接触以前，父母在他们的心目中就是一个权威，家长的一切言行在他们看来都应该是正确的，很少有孩子会在童年的时候怀疑自己父母的正确性。所以孩子把家长的言行当成是自己行为的一个范本，因为父母既然如此那自己这样做肯定也不会错。

在孩子有正确的是非观念前，是否符合家长的做法是他们的唯一尺度，即便是家长的错误做法，他们也会盲目模仿，而且这些行为一旦重复下去就会成为一种习惯，即使后来孩子意识到这是错误的，形成的习惯在短时间内也很难改正。孩子有了正确的是非观念，就不再容忍家长的错误，但孩子不知道怎样对待家长错误的做法，时间一长，孩子对父母的正确的话也不听了。

可见，父母不良行为的示范作用对孩子的成长无疑是不利的，甚至会损害孩子身心健康。

卢勤说："孩子的眼睛就像照相机，每天在自己眼中留下父母的形象。在孩子心目中，父母的形象应该是最完美的。但是，拿出孩子们用心灵'拍摄'的'照片'看一看，并不是每一张妈妈的照片都那么'光辉'，也并不是每一位爸爸的形象都那么'高大'。"

孔子最早提出了"以身作则"这一教育原则。他说："其身正，不令而行；其身不正，虽令不从。""不能正其身，何以正人？"孔子的这些话，充分说明家长以身作则的必要性和重要性，家长是孩子的榜样，其一言一行，都会直接影响孩子的成长。

而现在，我们的孩子从父母身上看到了什么？

有些父母，上班时十分繁忙，十分辛苦。而一回到家，便只想着自己的休闲娱乐，有的甚至每晚把饭桌变成麻将桌，把家庭变成赌场、舞厅、酒店，全然不顾在一旁写作业的孩子。只看到父母"吃喝玩乐"，难怪有不少孩子形成了"享乐至上"的人生哲学。这一切，能怨孩子吗？

当那些家长指着孩子的鼻子，大喝"你给我念书去，不许看电视"时，自己却躺在沙发上看电视，这能让孩子安心读书吗？当你告诫孩子，不珍惜时间就是"图财害命"时，自己却一宿一宿地玩麻将；当父母指责孩子懒惰、贪玩、不刻苦时，想没想过自己在孩子心中是什么样的形象？

"孩子需要榜样甚于批评。"孩子的目光像永不休息的雷达，不停地注视着大人的言行举止，模仿着大人的习惯行为。

劳累一天或心情不佳的父母，为了未成年的孩子，回到家时请打起精神。你若想让孩子做什么样的人，自己就先做什么样的人。让孩子全面地了解父母，是十分必要的。这不是说，父母回到家，还要拼命地工作，而是要让孩子知道，父母一天在忙些什么，为谁辛劳为谁忙？

教育学家苏霍姆林斯基的话很有道理："每一瞬间，你看到孩子，也就看到了自己；你教育孩子，也就是教育自己，并检验自己的人格。"

许多家长说一套做一套，没有将言传与身教结合起来。以下的案例可能在许多家庭中都会发生。

一天，小康的作业还没做完，父亲生气地说："小康，我跟你讲了多少次了，要遵守时间。你说好一个小时写完作业，怎么到现在还没写完呢？不遵守时间的人，不只是浪费了自己的时间，而且还浪费了别人的时间，还会给人不好的印象。你认为你现在这种做法对吗？"

小康不以为然地说："当然不对，不过，不就是作业没写完吗？我接着写就行了，何必上纲上线呢？"

爸爸显然生气了，加重了语气说："你怎么能说这是上纲上线呢？你养成这样拖拖拉拉、不遵守时间的习惯，将来怎会得到别人的信任。

得不到别人的信任的人，是很难在社会上立足的。"

看到父母生气了，小康的语气软了下来，小声嘟囔着："你们大人说什么都是对的，我们什么都是错的，我不遵守时间，你不也一样吗？"

"你说这话是什么意思？"爸爸不明白怎么把话题弄到自己的头上。

"难道你忘了，我们学校举行活动，好几次你都答应来参加，我也告诉老师你会去的，可是，要不你不去，要不你去了，活动没完就溜了，你这算是遵守时间吗？"

爸爸看到儿子很不以为然，甚至有些讥讽的表情，顿时感到自己的训斥并不能站住脚，一时竟然不知说什么好。想了想又解释道："那还不是因为我的工作忙，临时安排不过来，再说你们学校的那些活动又不是很重要，也不是非参加不可。"

家长给孩子做这样的示范，孩子又怎么会养成守时的习惯呢？

家长在日常生活中越是无意的言行，越是其人格真实的暴露，对孩子心灵的震撼力越大，感染力越强。因而家长必须从根本上加强自身修养，检点自己的言行。要以身作则，做出好的示范，建议家长从以下几方面努力：

（1）严于正己。

要求孩子言行端正，品德优良，家长必须先从自己做起。比如家长在服饰、仪表或言行举止上既要讲求个人色彩，又要分清场合，把握分寸，给子女以良好形象；家长在行为习惯上，应自觉遵守社会伦理道德和社会生活规范，家长在人格特征上，应有广博的兴趣爱好，孜孜不倦地求知，具有健康、乐观的情绪，强烈的责任感、事业心，大事小事都恪守做人的原则。孩子会将家长的行为作为自己做人的准则，融入心灵深处。

（2）言行一致，表里如一。

在日常生活中，家长应言行一致，表里如一，决不能说一套、做一套，在外一个样子，在家另外一个样子，当面一套、背后一套。凡是要求子女做到的，自己必须首先做到；要求子女怎样做，自己先要做出个

样子。"其身正，不令而行；其身不正，虽令不从。"家长要以身作则给孩子树立良好的榜样。

（3）身教言教结合。

身教与言教不能相互代替，它们是相互依存、相互促进、缺一不可的两种教育方式。因为孩子缺乏经验和知识，在家庭教育中家长既要以自身言行的良好形象去感染、影响孩子，又要用孩子能够理解的语言告诉孩子为什么这样做，怎样才能做得更好，这样才能避免孩子机械模仿。所以把身教与言教结合起来，有利于教育效果的巩固与提高，而且也会保持和提高家长的威信。

（4）形成良好的家风。

家风是指家庭成员在长期共同的生活中，逐步形成的伦理道德观念、为人处世的规范、情趣爱好、思想作风和生活方式的总称。家风在家庭生活中会自然地体现出来，成为孩子成长的最直接的环境。孩子耳闻目染，时时刻刻受熏陶。家风会在孩子身上打上深深的烙印，他们的人格特征、品行往往是家风的写照和镜子。良好的家风是成员之间相亲相爱、相互尊重、真诚和随；家长勤劳节俭，孩子也会珍惜劳动成果，不浪费钱财；家庭崇尚知识文化，孩子也会努力学习。相反，如果家风不好，成员之间互不信任，互不关心，甚至吵架打架，孩子也不会信任他人、不会关心他人。

家风的形成和发展是一个渐进的过程，家庭中的主要成员应以身作则，组织好家庭生活，教育全家，使家庭所有成员都按正确的原则行事，形成家庭特有的生活方式和习惯；家庭中的每一个成员，都要自觉遵守共同的原则和行为规范，协同努力，为形成、发展良好的家风作出贡献。

>>> *6.* 正确对待考试成绩，孩子才会健康成长

每个父母都渴望自己的孩子能够子成龙、女成凤，而这种渴望更多体现在对孩子学习成绩的期待上。父母把孩子的成绩看得重于一切，为了孩子的成绩即使付出再多也心甘情愿。如果孩子成绩有一科或者几科不及格，父母就会感到愤怒和忧虑，愤怒的是寄予了巨大期望却得到如此令人失望的结果；忧虑的是如此成绩，怎么能考进理想的学校，自己的期望怎么能实现。愤怒和忧虑中的父母往往会失去理性，孩子这时候成了父母发泄愤怒和不满的出气筒。长期下去，孩子会形成一个观念：成绩不好就得不到父母的关爱，成绩不好就不是好孩子。这样就会扭曲孩子的思想，灌输进去一些并不利于孩子成长的观念，从而影响孩子的一生。

一些父母喜欢以孩子成绩高低作为判断孩子好坏的标准，父母看到孩子学习成绩提高了，就非常高兴地夸奖孩子用功、聪明，给予孩子很多的物质奖励作为继续努力的动力，甚至有的父母因而放松了对孩子的管束，对孩子的毛病，也总是认为是小毛病，而不去在意。如果孩子的成绩降了下来，就认为孩子没用功，在家里偷懒，在学校一定也偷懒，认为孩子实在是太让人失望了，父母付出了那么多，却没有丝毫的回报。于是，父母的各种指责脱口而出，这些指责在伤害孩子自尊心的同时，也伤害了父母与孩子之间的感情。

还有很多的父母好强、爱面子，把孩子的成绩看成是自己成绩的一部分。如果孩子考试有了一个好的分数，就觉得脸上有光；如果孩子的成绩差，就觉得没面子。

教育专家指出，学习成绩并不是衡量学生的唯一标准。在提倡素质教育的今天，父母、老师应该把更多的目光投向孩子学习成绩以外的方面，而不是仅仅关注学习成绩的高低。目前社会上，父母对孩子学习成绩的态度以及由此引起的某些行为，确有不科学的问题。这些表现将直接影响孩子的学习，如果因为某次成绩的下降就对孩子最近一段时间的学习加以否定，这会极大地打击孩子的学习积极性。

的确，教育要全面发展，成绩只是教育的一个重要方面，而不是全部。

默默是一个聪明漂亮的小女孩，学习也很好，她的成绩一向是父母的骄傲，父母很少为她学习的事情操心。可是最近一段时间，默默的父母十分苦恼。因为这一次默默的成绩下降了，尤其是数学成绩非常不好。

默默父母一看到数学成绩，劈头盖脸地就教训起默默："你怎么搞的？这次考得这么差，是不是没有用心学习？"并要默默保证在一段时间之后，一定要把学习成绩恢复到以前的水平。默默表示一定会努力提高成绩，并且做出书面的承诺。但是没过多久，默默不仅没有恢复成绩，甚至还出现了写作业拖拉、成绩继续下滑的情况。

这一次爸爸一气之下打了她的手，家中的亲朋好友也轮番上阵，纷纷对默默进行教育。不仅如此，父母还对默默采取了更为严格的措施，如在家温习功课的时间延长，不允许任何娱乐，不允许看课外书籍等。各种办法用尽了，但是默默的成绩还是没有提高。相反，默默只要一提到学习、考试、写作业，就悄悄地哭，并且和妈妈哭诉说"活着真没意思"。

父母的严格管理没有起到预期的效果，反而让默默产生了厌学情绪。默默本是个成绩优异的孩子，可是为什么成绩屡屡下滑呢？这些都令默默的父母感到困惑。

后来，在专家的指导下，默默的父母终于就意识到了错误。当默默的成绩下降的时候，父母没有帮助默默分析考试失利的原因，而是粗暴责骂，当责骂并没有产生效果时，就进行惩罚。这些做法，都会导致默默的逆反心理，甚至产生了厌学的情绪。

孩子的学习成绩出现波动，是很正常的，也是在所难免的。作为父母应该正确面对这种现象的发生，而不仅仅是责骂和惩罚，那样于事无补。

父母应该如何正确面对孩子的学习成绩，如何充分发挥成绩对孩子的正面作用，促进孩子学习呢？简单说来，可以从以下几点做起：

（1）成绩并不代表能力。

有的考试偏重的是理论方面的知识，有的考试则偏重能力方面的考察。父母不能看到成绩就一刀切，不管什么样的考试都以成绩和分数来衡量，也不能简单地因为孩子一两次分数的变化就认为孩子能力上出现了问题。

（2）认真分析成绩的可信度和有效性。

有许多父母对孩子成绩高低的认定，对孩子进步退步与否都仅仅依据考试分数来确定，其实，并不是分数低就说明孩子的成绩不好，学习退步了；分数高就说明孩子的成绩好，进步了。每一次考试过后，父母都应该和孩子坐下来，一起分析试卷，因为仅仅看分数是不够的。有的时候孩子的分数低，也许是试卷的难度很大；有的时候孩子的分数特高，也许是因为试卷的题目容易。因此，不能单纯地从分数的表面来判断孩子的成绩好坏，父母有必要进行认真的分析、判断。

（3）发现孩子进步，应及时给予表扬。

父母如果从试题分析中发现孩子的进步，就应该及时地给予表扬。及时表扬无疑是一种有效的鼓励孩子的手段，不要吝啬对孩子的表扬，要让孩子总是能够在努力后找到成功的喜悦，有一种满足感。

（4）发现成绩中的闪光点。

当发现孩子学习成绩退步时，父母先不要责骂。孩子需要的是安慰和帮助。所谓安慰就是需要父母对孩子更多的鼓励而不是埋怨。父母应该知道，虽然孩子成绩有所后退，但是有没有什么闪光点，相对

于过去有进步的地方？比如，虽然总分有所下降，而单科分有没有上升？对于知识的熟悉程度，有没有掌握得较好的、丢分很少的部分？

即使孩子这次考试考得一团糟，父母也最好用发展的眼光来看待问题和鼓励孩子。这主要以鼓励孩子的自信心为主，成绩不好，孩子本身就有愧疚感，如果父母对孩子不是体谅和理解，而是埋怨，则会更严重地打击孩子的自信心。因此，即使没有好的成绩，除了帮孩子找到原因外，就是要鼓励他战胜困难，通过自己的努力，下次能考出一个较好的分数。要理性地看待问题，给孩子一个希望，不让孩子自暴自弃。

科学地对待孩子的学习成绩，并能采取明智的态度，这对孩子的学习会有很大的帮助。明智的父母，在孩子取得好的成绩时，提醒他不要骄傲、不要自满，应该脚踏实地，争取更大的进步；在孩子成绩不尽如人意的时候，要先对孩子进行安慰和鼓励，之后再帮助分析失利的原因，坚定孩子下次取得优异成绩的信心。

>>> 7. 对孩子缺乏耐心是扼杀其创造力的罪魁祸首

为数不少的父母教育孩子时都缺乏耐心，原因是多方面的，一是大多数的父母没有教育孩子方面的知识，加之工作忙。二是，社会上存在一种普遍的误解，当孩子到上学的年龄后，就把孩子的教育责任全部推给了学校与社会，有的父母甚至据此对学校提出过于苛刻的要求。要知道孩子的成长是一个循序渐进的过程，每一点进步都需要一定的时间。家长要耐心地期待着孩子的进步，不要试图超越自然规律对孩子的成长急于求成。

由于缺乏耐心，家长经常呵斥孩子，对孩子的行为观察不仔细，只会武断地下结论，甚至动手打孩子，造成对孩子心理上的打击，导致与孩子交流的障碍，甚至迫使孩子形成说谎自保。如果失去与孩子的交流，对孩子的教育也就无从谈起了。

其实，孩子能够集中注意力的时间一般只有 20 分钟左右，超过这个时间他们是无法保证集中注意力的。尤其是白天上了一天的课，晚上回到家中已经相当疲惫了，从本能上讲他们肯定不想再写作业，但作业又不能不完成，这种状态下他们在写字时就无法做到集中精力，于是就很容易出现差错。而在出现差错后家长不理解孩子，只一味地训斥孩子，这只能使孩子产生抵触情绪。

德国教育家赫尔巴特认为："当新的刺激发生作用于儿童时，表象就通过感官的大门进入到意识阈中；如果他具有足够的强度能唤起意识阈下已有的相似观念的活动，并与之联合，那么由此获得的力量就将驱逐此前在意识中占据统治地位的观念，成为意识的中心，新的感

觉表象与已有观念的结合，形成统觉团（即认识活动的结果）；如果与新的表象相似的观念已经在意识阀上，那么，二者的联合就进一步巩固了它的地位。"

赫尔巴特这一理论贴切地说明了孩子认识和学习的心理过程，这是一个比较复杂的、分阶段的过程。如果家长的教育和引导没有足够的强度，那么就不可能唤起孩子意识阀下曾有的相似的观念和经验，这样，后面一系列相关问题都不会发生，孩子就不能形成统觉团，自然就不能接受家长的教育。

解决办法，一是家长们要有耐心，细致地、反复地去强化孩子，帮助孩子将家长的教育内容吸收为自己的东西；二是家长要充分地选择自己教育的内容使之具有趣味性，因为兴趣是统觉形成的条件。根据赫尔巴特的观点："兴趣是儿童观念的一种积极活动状态，是一种好奇心和智力活动的警觉状态，只有兴趣能赋予儿童统觉活动以主动性。"要想使自己的教育内容趣味性，家长就要用心留意孩子日常生活中的点点滴滴，从中分析出孩子喜欢什么、不喜欢什么，擅长什么、不擅长什么，有什么潜能没有被挖掘出来，只有了解了这些，才可能将教育材料兴趣化。这一切没有足够的耐心是不行的。

家长如何才能在教育孩子的过程中保持耐心？以下几点供家长们参考：

第一，家长要注意保持平和的心态，具体情况具体对待。不仅不能使用"你怎么这么不听话"、"我对你太失望了"、"你怎么老是做不好"、"我说过多少遍了，你怎么就是记不住"之类的过激的言语，以免伤害孩子的自尊心，从而使孩子有自卑的感觉，丧失进取向上的信心。而应换之以称赞、鼓励、肯定之类的话语，容忍孩子的失误，放手让孩子再去尝试。千万不要急着催促孩子，要尊重孩子，给孩子进行反复实践的机会，这些将对孩子产生积极的教育效果。

第二，安排孩子做某件事情的时候，事先把孩子磨蹭的时间也算进去。当你准备带孩子出门做事之前，事先把所需的准备时间算好，然后再乘以二。在这种情况下，你就会有足够的时间让孩子自己拉拉链、仔细地挑选玩具，或是耐心跟他解释种种问题。

第三，感觉自己不耐烦的时候要强迫自己冷静下来，然后深呼吸一口气、把自己的感觉说出来："我已经快不耐烦了。"这样有助于培养耐心。

第四，要求孩子做什么事都要说清楚，讲明白。如果孩子不想去上学，那么父母亲就要说清楚："如果你不去上学，爸爸妈妈要上班，不可能在家陪你，你只能一个人在家里呆着。"说这话时父母要让孩子相信不上学自己真的会让孩子一个人在家里持着，如果不打算那么做，就不要说，如果一旦你把话说出口，当孩子真的不上学了，父母一定要将自己说出的话兑现。

第五，当家长忍无可忍时，在脾气失控的情况下尽量理智，要承认自己修养不好，并趁此机会，让孩子明了你对他的行为已经失去耐心，但也要向孩子道歉，告诉孩子自己下次不会再这么做。孩子在明了父母亲并非十全十美之后，也会慢慢地体会出，原来大人也有犯错的时候。

>>> 8. 谁都不喜欢被比较，孩子也一样

有些父母经常会对孩子这样说："别人行，你为什么就不行？"

这样做的父母明显已走入了家庭教育的误区。

小飞的妈妈一提到儿子的学习就特别激动："我们做父母到底为了什么？舍不得吃舍不得穿的，可他就不给我们争气。你看，我邻居的孩子，比他还小一岁呢，学习从来就没让家长操过心！我横看竖看，我们孩子各方面不比别人差呀，别人行，他为什么就不行？"

除了在学习上对孩子要求严格外，生活上小飞的爸妈对他的关心称得上是无微不至了。然而，为什么小飞和爸妈却怎么也亲近不起来呢？

小飞的爸爸对此也是一肚子苦水。"有时候我也知道孩子压力太大，可是这也没办法，我们不能照顾他一辈子，你说对不？他现在不努力学习，将来怎能找个好工作，等我们一蹬腿他怎么办？"

其实小飞更是满腹委屈，他在日记中写道："有一件事，我实在想不明白，我到底是进步了还是退步了。这次月考，我在班上排名11，年级排名66，已进入了前100名，总的来说，我应该算是进步了。因为上学期末，我在班上的名次是24，年级名次是148。在刻苦努力中，我这学期进步了，可是今天我回到家，并没有得到爸爸的鼓励，反而被他狠狠地训了一顿。"

小飞的父亲看到这里，心里十分难受，一方面怪自己没有合适的教育方法了。另一方面认为自己没被孩子理解，自己做得并没有错，从没拿那些伟人来和孩子比，只是拿孩子和身边的普通人来对比，大家都是头脑健全的人，为什么自己孩子会不行？肯定是孩子努力得不够。但孩子却从来不这么看。

像小飞的父母一样，许多父母都喜欢拿自己的孩子和别人的孩子比，比谁的孩子长得个子高，谁的孩子长得漂亮，谁的孩子机灵、聪明等。

经常拿孩子的缺点和别的孩子的优点进行比较，不仅不能对孩子起到促进作用，反而会使孩子产生自卑心理。

有一次，中央电视台录制一台"怎样教育淘气的孩子"的节目，有一个据说很淘气的孩子，一开始就冲着镜头说了这样一段话："每次我爸爸批评我的时候都要说：瞧人家的孩子怎么怎么好，瞧你怎么怎么差；瞧人家的孩子多聪明，瞧你多笨……我心里不服气，就想，你觉得人家的孩子好，你去给他当爸爸算了，干吗给我当爸爸！"这位孩子的父亲当时就在台下，眼睛瞪得很大，嘴咧着，一句话也说不出来。

拿自己的孩子和别人的孩子比较，从某种意义上说，是父母教育和疼爱孩子的方式之一，但这种教育方式要因人而异。因为大多数孩子接受不了这种方式。父母经常把孩子与别人的孩子作比较，只会对孩子造成坏的影响。首先，孩子会产生很多负面情绪，如不开心、无安全感、愤怒和嫉妒等，情绪会受很大波动。其次，行为表现方面，被父母用作比较的孩子会觉得父母讨厌自己，因为父母好像更喜欢别的孩子，所以孩子会做出很多吸引父母注意的行为，但这些行为通常都是父母不喜欢见到的。

基于上述情况，父母就会认为孩子顽劣，从而更会觉得自己的孩子不如别人。有些人会认为没有比较就不会有进步，事实上确实有些极端的父母是刻意把自家孩子跟更优秀的孩子比较，以为这样可以激励孩子进步。其实这是错误的。人生有比较才有竞争，但若一个人的竞争对象是自己身边的人，在班级内要打败其他同学，在同事当中要胜过所有人，那么这个人的一生会很累，到哪儿都会是四面楚歌。所以做父母的应鼓励孩子适当地竞争，更要搞清楚竞争的对象。

苏珊和爱迪丝是表姐妹，苏珊年长一些，两个人经常在一起玩。

快到圣诞节了，学校一放假，爱迪斯就到大姨家来玩。这天大姨和爱迪丝在厨房里聊起了考试成绩的话题，爱迪丝很骄傲地告诉大姨，她除了科学是B，其余的都是A（A代表优秀，B代表良好，C代表及格）。"你真是好孩子，学习成绩总是那么好。咦，我还没有看过苏珊的成绩单呢！苏珊，你来一下。"其实苏珊已在楼梯上听到了她们的对话，踌躇着不愿出来。听到妈妈喊她，不情愿地走过来。"苏珊，这次考试考得怎么样？成绩单在哪里呢？""在我房间里。"苏珊慢慢地回答。看着她无精打采的样子，妈妈预感到成绩不会很好，开始有些生气了："是不是又考得不好？去把成绩单拿来，我要看一看。"

成绩单拿来了，没有一个A，大部分是C。"你真让我感到羞愧啊，苏珊。"妈妈忍不住大声训斥起来，"你的成绩为什么总是这么糟呀？爱迪丝总是能取到好成绩，你为什么不能像她一样，怎么就一次让我满意的成绩都没有呢？你的学习环境哪一点比她差啊？你就是太懒，注意力不集中，不专心听讲，你真是我们家的耻辱。回房间去好好想一想，再来跟我谈。我不想看你现在这个样子。"虽然已经不是第一次在爱迪丝面前受训了，苏珊还是下不了台，含着眼泪回到了房间。

苏珊与爱迪丝从小就在一个学校上学，她们两家住得很近，来往非常密切。爱迪丝是一个非常聪明，非常出色的学生，不但学习好，人也很容易接近，所以在学校很受欢迎。与爱迪丝相比，苏珊觉得自己像个丑小鸭，心情总是不好，她十分需要得到鼓励和肯定。但她从小就感到来自爱迪丝的压力，觉得自己无法比过她。而妈妈不但没能给苏珊以鼓励，反而使她的信心遭受打击。

世界上没有两个孩子是完全相同的，每一个孩子都有自己的优点和缺点，能力和特长也各不相同。要想使自己的孩子心理得到健康发展，就要针对孩子自身的客观情况，给孩子以合理的定位，不给孩子制定超过其自身能力的目标，世界上永远不可能有两个各方面都一模一样的孩子。每个孩子都有自己的某些长处，要善于发现孩子的长处，并努力使孩子的长处得到充分发挥。这样才能使孩子充满自信，信心十足地去面对竞争、处理问题，使孩子的自身能力得到最大价值的发挥。

做到这一切的前提是：不要拿自己的孩子与别人的孩子做比较，非要去比的话，只能用孩子的长处与别人比。家长要相信，自己的孩子绝不比别人差，尽管某些方面可能稍微逊色。行有七十二，路有千万条。总有一行适合孩子，总有一条路能让孩子走向成功。喜欢攀比的家长就此罢手，还孩子以自信，给孩子以力量。